HISTOIRE
DES PETITS THÉATRES
DE PARIS.

TOME SECOND.

IMPRIMERIE DE Mme HUZARD (NÉE VALLAT LA CHAPELLE),
rue de l'Éperon, 7.

HISTOIRE
DES PETITS THÉATRES
DE PARIS
DEPUIS LEUR ORIGINE,

PAR BRAZIER,

Nouvelle édition, corrigée et augmentée
de plusieurs chroniques.

TOME SECOND.

PARIS,
ALLARDIN, LIBRAIRE,
QUAI DE L'HORLOGE, 57.

—

1838.

THÉATRE DU MARAIS,

RUE CULTURE-SAINTE-CATHERINE (1).

L'histoire du *théâtre du Marais*, que je vais tracer ici, n'est pas celle du théâtre fondé en 1660, lequel fut d'abord rue de la Poterie, près la Grève, à l'hôtel d'Argent, plus tard vieille rue du Temple, au dessous de l'égout de cette rue, où les comédiens avaient loué un jeu de paume, et enfin rue Michel-le-Comte, jusqu'en 1673, époque à laquelle il fut fermé et démoli, et quelques uns de ses meilleurs sujets réunis à ceux de l'hôtel de Bourgogne.

Ce n'est pas non plus le Marais des temps passés que je vais explorer.

Je ne vous conduirai point dans la rue Cul-

(1) Ce qu'on appelait, avant et après Henri IV, culture ou coulture, était des terrains ensemencés ou en jardinage. Paris a conservé longtemps, dans beaucoup de quartiers, des moulins à vent, des prés, des vignes, etc. On disait : les *coultures* Sainte-Catherine, V. Gervais, V. Martin, L. Quelques écrivains disent aussi *coutures*.

ture-Sainte-Catherine pour vous indiquer la place où le connétable *de Clisson* fut assassiné, la maison du boulanger qui lui sauva la vie, et où le roi et toute la cour l'allèrent voir; je ne vous conduirai point rue des Tournelles, chez mademoiselle de Lenclos, pour vous faire assister à la lecture de *Tartufe*, en présence du grand Condé, de Corneille, de Racine, La Fontaine, Saint-Evremont, Lully, Quinault, Chapelle, etc.; je ne vous menerai pas chez Marion Delorme, cette folle courtisane, qui recevait chez elle toute la jeunesse dorée et titrée, ayant à sa tête ce sémillant marquis d'Effiat, et ce vertueux et candide de Thou, cette sainte victime de l'amitié. Vous ne rencontrerez pas dans mon Marais ces graves présidents montés sur leurs mules. N'ayez pas peur de vous trouver face à face avec Montmorency-Bouteville, qui livra à la place Royale un combat de trois contre trois, dans lequel Bussy d'Amboise succomba; vous pourrez vous promener dans mon arsenal, sans craindre qu'un *raffiné* ou un *mauvais garçon* vous barre le chemin.

Le Marais de 1791 ne sera plus ce Marais à la physionomie distincte, originale, ce Marais peuplé de présidents à la Grand'chambre, ce Marais inféodé; si loin de Paris, dans Paris même: ce sera le Marais *révolutionnaire*; vous entendez bien: *le Marais révolutionnaire*, deux mots qui ont l'air de hurler ensemble. Et vous ne chercherez plus la Bastille?... Elle est tombée sous les coups du grand démolisseur !.... le peuple !.... Vous ne me demanderez plus la place Royale?... Elle s'appellera bientôt la place des Piques, avant de prendre le nom de place des Vosges, pour redevenir la place Royale; le Marais ne sera plus un quartier de Paris, mais une section; oui, vous lirez bientôt sur la porte de l'hôtel de Marion Delorme : Liberté, égalité, fraternité ou la mort!.... la mort!.... pauvre Marion!.... Elle qui ne voulait la mort de personne!.... Sur le boulevart Saint-Antoine, vis à vis la rue du Pas-de-la-Mule, vous apercevrez une maison nouvellement bâtie, un jardin fraîchement remué, et vous lirez cette inscription :

« Ce petit jardin fut planté
» L'an premier de la liberté. »

Et cette maison, ce jardin, à qui seront-ils?... à Caron de Beaumarchais, à l'homme de la lutte incessante, à l'homme du pugilat littéraire, politique et financier; à ce Caron de Beaumarchais qui disait au pouvoir en portant la tête haute : « Si vous ne voulez pas que l'on joue *mon Mariage de Figaro* à la Comédie-Française, on le jouera dans l'église de Notre-Dame. »

Prédiction terrible.., et qui s'est, en quelque sorte, accomplie !...

Beaumarchais démolira la noblesse, prendra les grands seigneurs corps à corps, les déshabillera pièce à pièce; mais alors, le satirique sera enfermé à Saint-Lazare, et ces nobles, ces grands seigneurs qu'il avait pincés, mordus, égratignés, flagellés, le fustigeront à leur tour. Le marquis de Champcenets, de folle et douloureuse mémoire, lui chantera à travers les barreaux de sa prison :

« Sans doute, la tragédie,
» Qu'il nous offre en cet instant,
» Ne vaut pas la comédie
» De cet auteur impudent.
» On l'*étrille*, il pleure, il crie,
» Il s'agite en cent façons ;
» *Plaignons*-le par des chansons. »

Bientôt Caron sortira de Saint-Lazare pour achever sa vie tumultueuse, et le pauvre marquis de Champcenets prendra sa place en prison; mais il n'en sortira, lui, que pour aller à l'échafaud, après avoir demandé, en riant, à Fouquier-Tainville, s'il ne lui serait pas permis de se faire remplacer comme à la garde nationale. Beaumarchais continuera son œuvre diabolique, et cet homme extraordinaire, qui a dit avec raison : *Ma vie est un combat*, mourra subitement, sans infirmités, sans maladie, dans toute la vigueur de son esprit, le 19 mai 1799, à peine âgé de 64 ans. Son dernier vœu fut exaucé, le voici :

« Dans mon printemps,
» J'eus du bon temps,
» Dans mon été
» Trop ballotté,
» Puisse un bon esprit encore vert,
» Me garantir du triste hiver.

Voilà des vers fort médiocres..., j'aime mieux la prose de vos mémoires, monsieur Caron.

La fondation du théâtre de la rue Culture-Sainte-Catherine remonte à 1790.

Les comédiens italiens ayant voulu, à cette époque, liquider leurs affaires, résolurent de se réduire à vingt parts, et de placer tous les ans les six autres parts sortantes dans une caisse d'amortissement. Les acteurs sur qui cette réforme tomba se réunirent pour fonder un nouveau spectacle. Embarrassés sur le choix de l'emplacement, ils se rappelèrent qu'il y avait eu jadis un théâtre dans le quartier du Marais et se décidèrent à le relever.

Les six acteurs réformés étaient Courcelles (dit Langlois), Valroy, Raymond, les dames Verteuil, Raymond et Desforges. Courcelles fit donc bâtir une salle en 1790, rue Culture-Sainte-Catherine, dans le dessein d'y jouer la tragédie et la haute comédie. Mais les temps étaient changés...; nous n'étions plus en 1660. A cette époque, le Marais était un quartier fréquenté, c'était le centre des plaisirs. Toutes les jolies femmes, tous les gens du bon ton, allaient se promener au temple; un spectacle pouvait donc s'y maintenir. Depuis et avant la révolution, le Marais était devenu le quartier des rentiers et des dévotes (il l'est bien encore un peu aujourd'hui). C'est ce qui rendit alors impossible la réussite de ce spectacle, qui fut ouvert le 1er septembre 1791, par *la Métromanie* et *l'Épreuve nouvelle*. Le directeur avait engagé Baptiste aîné, sa famille et d'autres artistes distingués. Tout semblait lui promettre une ère de prospérité. La première année fut heureuse, mais la seconde le fut moins. Laissons parler l'*Almanach des spectacles* de 1794.

« Depuis la révolution, le Marais a encore
» une fois changé de physionomie ; ce quartier,
» ainsi que celui du faubourg Saint-Germain,
» s'est le plus ressenti de l'émigration. Tous les
» dévots, tous les gens de robe, tous les ren-
» tiers ont abandonné leur patrie, leurs mai-
» sons, et le Marais, déjà assez désert, l'est
» encore devenu davantage. Cet abandon d'un
» ramas de riches, d'égoïstes, a nui à l'entre-
» prise du citoyen Courcelles. L'année 1792,
» fertile en évènements, a tout à fait ruiné son
» spectacle, et, vers le milieu de 1793, le ci-
» toyen Courcelles, abandonné de son princi-
» pal soutien, le citoyen Baptiste aîné, qui est
» entré, avec sa famille, au *théâtre de la Répu-
» blique,* a fermé la salle, en déclarant son im-
» possibilité de satisfaire à ses engagements. »

A son début, la troupe était nombreuse : Baptiste aîné, Perroud, Dubreuil, Dugrand, Courcelles, Perlet (père de l'artiste du Gymnase), Baptiste cadet, Bourdet, Lasozelière, etc. ; les dames Verteuil, Baptiste bru, Baptiste mère, Paulin, Belleval, Gonthier, Destival, noms chers aux amis du théâtre et qui sont encore dans la mémoire de quelques vieux amateurs.

Le comédien Lasozelière joignait à un grand fonds d'amour-propre un esprit très caustique. Ses camarades, ayant eu souvent à supporter ses railleries, ses épigrammes, résolurent de s'en venger gaîment.

Un matin, on répétait *le Florentin* de La Fontaine, dans lequel Lasozelière devait remplir le rôle d'Arpajène. On sait que le dénouement de cette comédie se fait par le moyen d'une cage de fer à ressorts. La cage avait été exprès apportée sur le théâtre. Lasozelière, qui ne se méfiait de rien, et qui répétait toujours avec beaucoup de soin, se mit dans la cage; à peine y était-il entré, qu'à un signal convenu, quelqu'un pousse le ressort, et voilà Lasozelière pris au traquenard. Une fois prisonnier, tous les comédiens et comédiennes défilèrent devant lui en riant et en lui rendant les mauvais compliments dont il n'avait cessé de les gratifier. Plus il criait, plus ses camarades riaient. La duègne lui disait : « Lasozelière, tu commences à manquer de mémoire, mon ami, il faut prendre garde à cela. » Le grime le prévenait charitablement qu'il avait été détestable dans *Bartholo*...; le comique lui reprochait de ne pas savoir s'habiller; la soubrette, en l'agaçant, lui chantait : « *Ah! le bel oiseau vraiment....;* » et la jeune première, riant comme une folle, lui répétait à travers les barreaux de sa cage : « *Baisez petit fi!.... petit mignon!....* » Lasozelière, furieux, criait, jurait, s'agitait dans sa cage de fer, comme un animal de la ménagerie du Jardin des Plantes. Enfin, après lui avoir dit toutes ses vérités, on lui rendit la liberté. Cette plaisanterie fut cause qu'il quitta la troupe du Marais. Lasozelière, comédien passable, possédait des connaissances en littérature. Sa conversation était amusante ; comme il avait vu beaucoup de choses, il avait la tête remplie d'anecdotes curieuses, il nous en a raconté beaucoup à Merle et à moi, mais jamais celle de la répétition du *Florentin.*

Le directeur du théâtre du Marais affectait de jouer de préférence les pièces de Beaumarchais, cela ne lui faisait point d'argent, mais, en revanche, beaucoup d'ennemis. Il remettait même des pièces anciennes, *Eugénie, le Négociant de Lyon, le Barbier de Séville, le Mariage de Figaro,* tous ouvrages qui avaient, comme on dit, fait leur temps.

On a prétendu que Beaumarchais indemnisait le directeur Courcelles pour l'argent que la remise de ses vieux ouvrages lui faisait perdre. On a même pensé qu'il était intéressé dans l'entreprise du nouveau spectacle ; alors on trouvait tout naturel qu'il fît représenter ses comédies de préférence à celles des autres auteurs. Beaumarchais usait d'un droit acquis, puisqu'il était en même temps le marchand et l'acheteur.

Dix jours après l'ouverture, Mercier, *Tableau de Paris*, y donna *l'Évêque de Lisieux* ou *Jean Hennyer*, que les plaisants d'alors appelaient *Jean Ennyeux*.

Un homme de lettres qui fit grand bruit plus tard par son hymne réactionnaire, *le Réveil du peuple*, fit jouer à ce théâtre une tragédie de circonstance : *Artémidor*, ou *le Roi citoyen*. L'auteur, Souriguière, dont les opinions monarchiques n'étaient point douteuses, avait voulu peindre Louis XVI sous le nom d'*Artémidor*. En 1791, lors de l'acceptation de la constitution, on avait donné à ce malheureux monarque le nom de *Roi citoyen*.

Beaumarchais dont, comme on le voit, le nom se rattache à l'origine du théâtre du Marais, donna avec Diderot le signal de la révolution dramatique, que la jeune école s'efforça de suivre et de consommer. Le style de Diderot, comme celui de Beaumarchais, a quelque chose d'âpre, de sauvage, mais de dramatique; les deux écrivains ont innové pour tirer le théâtre de la vieille ornière, ils ont fait le drame incisif, la comédie à l'imitation d'Aristophane ; Beaumarchais a même renchéri sur Diderot par la manière dont il décrit le lieu de la scène, et jusqu'à l'ameublement dont il convient de le décorer; il indique aussi comment il faut que chaque acteur soit habillé, le moment où il doit tousser ou prendre du tabac. Pour désennuyer les spectateurs pendant les entr'actes, il voulait que la scène, au lieu de demeurer vide, fût remplie par des personnages muets, tels que des valets qui frotteraient un appartement, balaieraient une chambre, battraient des habits ou régleraient une pendule ; ce qui n'empêcherait point l'orchestre de jouer. M. Bouilly a suivi de nos jours les préceptes de Beaumarchais, c'est l'auteur qui indique avec le plus de soin ce que nous appelons *la mise en scène*.

Un drame allemand, *Robert, chef de Brigands*, imité *des Voleurs de Schiller*, fit grand bruit sur cette scène. Ce drame, à l'époque de son apparition, devait être un excitant. Les têtes étaient exaltées, on en voulait aux nobles, aux riches, et la devise de Robert était formulée par ces mots terribles : *Guerre aux châteaux, paix aux chaumières !...*

Un journal du temps (1) s'exprime ainsi en parlant de cette pièce : « L'auteur allemand a
» peint des voleurs de grand chemin dont le
» chef était un jeune homme bien né, qui con-
» serve le sentiment de la vertu au milieu des
» crimes qu'il commet. L'auteur français, au
» contraire, a fait de ses voleurs des redres-
» seurs de torts qui se comparent souvent à
» Hercule, et qui n'assassinent jamais que jus-
» tement les hommes puissants et pervers que
» le glaive de la loi a épargnés..... C'est l'hé-

(1) *Journal de Paris*, 1791.

» roïsme des brigands; de tels exemples peuvent
» donner lieu à des applications dangereuses.
» Malgré ces observations critiques, que nous
» avons cru devoir à l'art dramatique et à *l'ordre*
» *social*, les beautés répandues dans ce drame an-
» noncent, d'une manière avantageuse, M. de la
» Martelière qui en est l'auteur et que l'on a de-
» mandé. »

Robert, chef de Brigands, commença à Paris la réputation de Baptiste aîné. La haute stature de ce comédien, sa figure sévère, sa diction grave, son maintien noble le rendaient propre aux personnages qu'il était chargé de représenter. Il a fort bien joué *le Glorieux*. La Martelière, séduit par le grand succès *de Robert*, voulut lui donner une suite, en composant, peu de temps après, *le Tribunal redoutable*. Mais, comme il n'avait plus Schiller pour guide, et qu'il lui fallait inventer, ce qu'il inventa ne valant pas ce qu'il avait copié, la suite de *Robert* ne produisit qu'un mince effet.

Ce fut un grand évènement littéraire pour ce théâtre que la première représentation de *la Mère coupable* ou *l'autre Tartufe*, qui eut lieu le 26 juin 1792. Ce drame, attendu longtemps, avait été prôné par les amis de Beaumarchais et par lui-même aussi, à ce qu'on assure.

Plusieurs théâtres s'étaient disputé cette œuvre tant vantée d'avance. Cette lutte honorable pour l'ouvrage semblait présager un grand succès.

On en a dit beaucoup trop de bien et beaucoup trop de mal; la vérité est que la pièce ne fit point d'argent d'abord, elle est pourtant demeurée au répertoire, grâce au jeu brillant et pathétique de plusieurs comédiennes qui y parurent successivement. Après l'illustre Contat, mademoiselle Volney est une de celles qui ont le mieux compris et le mieux joué ce rôle difficile. Toutefois mademoiselle Levert le jouait aussi d'une façon fort convenable. Je ne dois point omettre, dans l'histoire du théâtre du Marais, un ouvrage qui y obtint quelque réputation, *les Bizarreries de la Fortune* ou *le jeune philosophe*, par Loasel Thréogate; mais je dois dire aussi qu'il n'eut point beaucoup de peine à le composer, car *les Bizarreries de la Fortune* ne sont autre chose qu'une comédie polonaise, *les Coups du Sort*, de Mowinski, auteur à réputation que l'on avait surnommé le *Molière* de la Pologne. Loasel n'a rien changé à la pièce de Mowinski, il l'a copiée acte pour acte, scène pour scène, mots pour mots; et, chose extraordinaire! plusieurs journaux que j'ai lus et qui en ont rendu compte ne font aucune mention de l'auteur polonais.

Les Coups du Sort furent composés en 1781, et les *Bizarreries de la Fortune* furent jouées à Paris le 16 avril 1793. On lit dans une notice mise en tête de la comédie *des Coups du Sort*: « La pièce dont nous offrons la traduction nous » a paru être plutôt une œuvre du génie de

» Mowinski que ses autres ouvrages; on y re-
» marque surtout le goût et les nuances du
» Théâtre-Français, qui lui a, sans contredit,
» donné beaucoup d'idées et un vaste champ
» à glaner. »

Effectivement, en lisant la comédie de l'auteur polonais, on y retrouve le goût et les plaisanteries françaises.

Loasel Thréogate aurait dû, je pense, annoncer sur la brochure que sa pièce était une traduction de celle de Mowinski; cet acte de modestie ne lui aurait fait aucun tort. « Rendez
» à César ce qui est à César, et aux Polonais ce
» qui est aux Polonais. »

Un comédien qui a occupé longtemps une place distinguée au théâtre de l'Odéon et à la Comédie-Française, d'où il vient de se retirer, Duparay, remplissait dans *les Bizarreries de la Fortune* un rôle très minime, celui d'un brigadier de la maréchaussée. Depuis, cet acteur a fait un chemin brillant, et sa retraite laisse un grand vide à la Comédie-Française. J'ai vu peu de comédiens aussi naturellement bons, aussi spirituellement naïfs. Duparay a compris Molière à merveille. Il était parfait dans Orgon du *Tartufe*, dans Chrysale des *Femmes savantes*. Et avec quelle admirable bonhomie ne jouait-il pas le rôle du Drapier, dans *Bertrand et Raton*! C'était la nature prise sur le fait. Ce marchand de drap doit exister quelque part.

L'histoire du théâtre du Marais n'a eu qu'une phase vraiment remarquable, qui embrasse de 1791 à 1795. A partir de cette année, ce spectacle n'aura aucune physionomie particulière ; il jouera pêle-mêle tous les genres ; tous les comédiens de Paris et beaucoup de la province y défileront comme dans une lanterne magique, mais pas un directeur n'y fixera la fortune.

Pour peindre l'état de misère dans lequel était tombé le plus grand nombre des spectacles de Paris, en 1805, il suffira de dire que les acteurs, les actrices, les fournisseurs, les ouvreuses de loges, les garçons de théâtre se révoltaient tous les jours ; personne n'était payé. J'ai entendu de pauvres comédiens dire devant moi : « Nous ne jouerons pas dimanche, si nous n'a-» vons point d'argent ce soir. » J'en ai vu qui recevaient trois francs, quarante sous, vingt sous même, à compte sur un mois d'appointements. Pauvres gens!.. c'était pitié de les voir!.. mais il fallait vivre.

Une fois, la misère était si grande au spectacle du Marais, que l'on n'avait pas même de quoi acheter une voie de bois ; mais, comme on avait mis sur l'affiche en gros caractères : « *La salle sera chauffée de bonne heure, tous les poêles seront allumés,* » il fallait bien tenir parole. Les poêles furent donc allumés ainsi que l'affiche l'annonçait. Cependant la salle étant toujours comme une glacière, et les spectateurs se plaignant du froid, un curieux se baisse pour regarder dans un poêle; au lieu d'un bon rondin de bois neuf, il y voit, quoi?... un *lampion* qui brûlait!...

Le théâtre du Marais ne jouait jamais quinze jours sans être fermé; j'y ai eu un petit vaudeville en répétition pendant quatre ans; chaque fois que la pièce était prête à être représentée, le théâtre fermait, la direction changeait, les acteurs aussi; alors il me fallait attendre une nouvelle administration. Je relisais ma pauvre pièce, elle était reçue, répétée de nouveau, et à la veille de se produire en public, la salle était encore fermée. Mon vaudeville fut donc en répétition depuis le mois de mai 1803 jusqu'en juillet 1807. Je l'ai retrouvé dans mes cartons, ce malheureux vaudeville! il s'appellait: *l'Urne magique* ou *les Oracles*. Je ne l'ai lu depuis, ni ne le lirai à aucun théâtre, à moins qu'on ne rebâtisse tout exprès pour moi la salle du *Marais*, rue Culture-Sainte-Catherine; ce qui n'est guère probable.

THÉATRE DES VARIÉTÉS.

AU PALAIS-ROYAL, A LA CITÉ ET AU BOULEVART MONTMARTRE.

Peu d'entreprises théâtrales ont subi autant

de vicissitudes que celle du théâtre des Variétés, situé maintenant boulevart Montmartre.

La chronique de ce spectacle sera longue, mais curieuse et amusante (je l'espère); pour l'écrire complètement, il me faudra remonter à près de soixante ans.

Une femme dont la réputation fut européenne, et qui s'appelait mademoiselle Montansier, bien que son véritable nom fût, je crois, Brunet, acheta en 1789 à un sieur Delomel *les Beaujolais*, petite salle de spectacle bâtie antérieurement pour des comédiens de bois : des marionnettes paraissaient sur le théâtre, tandis que des acteurs chantaient et parlaient dans la coulisse.

Voulant remplacer les acteurs de bois par des acteurs en chair et en os, la demoiselle Montansier fit faire des travaux à la salle par un architecte nommé Louis, qui agrandit la scène de manière à ce que l'on pût y jouer la comédie, la tragédie et l'opéra.

Baptiste cadet créa sur ce théâtre le rôle du fameux *d'Asnières*, et le diamant de la Comédie-Française, mademoiselle Mars, y joua, étant enfant, celui du petit frère de *Jocrisse*, créé aussi par Baptiste cadet.

Damas, Caumont et d'autres acteurs qui ont brillé sur la scène française, y parurent également. Les deux comédiens Grammont père et fils ignoraient, en y jouant leurs rôles, que le dénoûment pour eux aurait lieu sur l'échafaud (1). Ce théâtre avait pris le nom de *théâtre de la Montagne* en 1793; il reprit celui de *Variétés* en 1795.

Vers 1798, Brunet ayant quitté la salle de la Cité, débuta chez la Montansier : c'est de l'entrée de Brunet que date la vogue dont cet établissement a joui si longtemps.... Je vais emprunter à un de mes spirituels collaborateurs, Merle, un passage sur le foyer de ce théâtre à cette époque :

« Le foyer Montansier était l'arsenal d'où
» sortaient les traits décochés au gouvernement
» directorial; les rédacteurs des petites feuilles
» légères, les plus hostiles au pouvoir d'alors,
» en étaient les habitués. Les vaudevillistes
» sont par nature de l'opposition; les pièces de
» circonstances de cette époque étaient la cri-
» tique la plus mordante des évènements et des
» hommes le plus haut placés; elles ne de-
» vinrent louangeuses que sous Bonaparte. On
» avait loué le général par admiration, on loua
» le consul par reconnaissance, et l'empereur
» par intérêt. Le vaudeville perdit sa malice, il
» ne sut plus tourner que de fades madrigaux,
» et c'est à la servilité de la plupart de ses con-
» frères que Béranger a dû depuis la popularité
» de ses succès....

(1) Tous les deux ont été guillotinés.

» Tout, dans cette réunion, servait de pré-
» texte à la gaîté et au plaisir, tout devenait un
» spectacle, jusqu'à cette galerie en forme de
» tribune qui dominait le foyer ; c'était la place
» d'honneur des plus jolies habituées de l'en-
» droit, on lui avait donné le nom d'un quai
» de Paris, dont la désignation exprimait spiri-
» tuellement, mais d'une façon un peu triviale,
» l'idée qu'on y attachait. Chaque soir, un nou-
» vel épisode arrivait à point pour soutenir la
» joie intarissable des amateurs. Tantôt c'était
» la publication d'un nouvel *ana* sorti de la
» boutique du libraire Barba, tantôt une
» nouvelle parade de Brunet ou de Tiercelin
» qui faisait fortune dans Paris, ou bien un
» bon tour joué au commissaire de police
» Robillard, que ses soixante ans, sa corpulence
» pansue, ses lunettes larges comme des
» roues de cabriolet, sa coiffure de 87 et ses
» boucles d'argent à la Chartres, ne met-
» taient pas à l'abri de quelque mystification ou
» des espiègleries de quelques unes de ses ad-
» ministrées.

» Dans ce foyer, on vit se réunir successive-
» ment la littérature entière du directoire et
» de l'empire, composée de tout ce que Paris
» renfermait alors de jeunes gens pleins de
» verve, de talent, d'esprit et d'avenir. La
» plupart n'ont point failli à leur vocation
» insouciante et désintéressée, à leur vie utile

» et imprévoyante d'artiste ; ils ont conservé la
» modeste redingote du poète, que d'autres,
» plus adroits, mais peut-être aussi moins
» heureux, ont échangée contre l'habit brodé
» du conseiller d'État, la robe du magistrat, le
» frac du préfet, ou, ce qui est plus affligeant,
» contre le chapeau à plumet du courtisan,
» qu'ils ont laissé traîner sur les tabourets des
» antichambres ministérielles de tous les régimes
» et de toutes les dynasties. »

Le théâtre des Variétés est celui qui a joui de la vogue la plus longue et la plus méritée ; on sortait d'une affreuse tourmente qui avait assombri tous les esprits, on avait besoin de rire comme on a besoin de pain, comme on a besoin d'air, et l'on était certain de trouver gaîté franche et communicative en allant voir jouer Brunet et Tiercelin. Ces deux comédiens excentriques ont, à eux seuls, soutenu la gloire et la fortune de ce théâtre pendant plus de 20 ans.

Si je fais l'éloge des acteurs, je ne ferai pas toujours celui de certaines pièces dans lesquelles ils attiraient constamment la foule ; c'étaient des canevas décousus, des scènes à tiroirs où abondaient les calembourgs, genre d'esprit que j'ai toujours trouvé déplorable (bien que j'en fisse comme les autres), et j'en demande mille pardons à feu M. le marquis de Bièvre.

La troupe était excellente ; aux noms de Brunet

et de Tiercelin, ajoutons ceux de Crétu, César, Amiel (qui étaient directeurs avec la demoiselle Montansier) Foignet père, Simon; puis Bosquier-Gavaudan, l'homme de France qui a le mieux chanté le vaudeville; Dubois, Cazot, Lefèvre, et ce bon M. Duval qui a donné son nom à une création dramatique; je veux parler *des fameux Jocrisses* de Dorvigny, dans lesquels l'acteur Duval jouait toujours *le rôle de M. Duval*. Je ne laisserai point passer Jocrisse sans lui dire un adieu mêlé de larmes!.... Jocrisse m'a toujours paru une délicieuse création; je trouve Jocrisse plein de poésie, pour me servir de l'expression adoptée par nos poètes sans poésie.

La familiarité du maître et du valet ne vous paraît-elle pas ravissante? Jocrisse s'appuyant sur l'épaule de M. Duval! Jocrisse causant familièrement avec M. Duval! Jocrisse prenant du tabac dans la tabatière de M. Duval! Et *Jocrisse maître et valet*, et *Jocrisse grand-père*, *Jocrisse changé de condition*, et son *désespoir!*.... son fameux *désespoir!*.... Est-ce que ce n'était pas à pouffer, à mourir de rire? Puis, à côté de cela, *Cadet Roussel* inventé par Aude, autre création sublime et du même genre. Eh bien! avec ces titres-là sur l'affiche, le nom de Brunet en vedette, tout Paris défilait au Palais-Royal. On ne parlait que de Brunet; on se demandait: «avez-vous vu Brunet? connaissez-vous le dernier calembourg de Brunet?» M. de Chateaubriand, dans son *Itinéraire de Paris à Jérusalem*, a écrit que les petits Bédouins connaissaient le nom de Bonaparte, qu'on les entendait crier dans le désert : *En avant, marche!* eh bien! je puis affirmer que le nom et les calembourgs de Brunet ont été répétés sur les bords du Nil comme sur ceux de la Bérésina.

Je me souviens qu'au 31 mars 1814, étant de garde à la barrière Saint-Martin, les premiers mots que m'adressa un jeune officier kalmouk qui parlait à peine français furent pour me demander le Palais-Royal et le théâtre de Brunet.

Brunet a été un acteur parfait de naturel et de naïveté; son jeu était non seulement simple et vrai, mais encore il était chaste, et je n'exagère pas. Brunet apportait sur la scène cet air timide et embarrassé qu'il garde à la ville : c'est peut-être à cette extrême timidité, à cette gaucherie modeste, qui ne le quittent pas dans le monde, qu'il a dû son succès au théâtre.

Brunet était aimé au point que l'on fit pour lui et une actrice nommée Caroline[*], qui avait une voix ravissante, une pièce intitulée *Brunet et Caroline*. M. le comte de Ségur en était l'auteur.

Aujourd'hui, si l'on met dans un petit journal une plaisanterie politique, on imprime :

---

(1) Cette comédienne est morte en 1807.

Tousez a dit telle chose, Odry a dit telle autre, ou bien, comme dit Arnal... Dans ce temps-là, où un journal n'aurait pas osé écrire un mot contre le plus mince personnage de l'État, on mettait tous les calembourgs politiques sur le compte de Brunet. Un jour, on disait : Est-il vrai que Brunet a été arrêté pour avoir dit dans la pièce du *Sourd,* au papa Doliban :

« Vous ne savez pas, papa Doliban, avant de songer à épouser votre fille, je pensais à me faire nommer *tribun?* — Pourquoi cela? — C'est que j'aurais épousé une *tribune*, et nous aurions fait des petits *tribunaux.* » Une autre fois, Brunet avait été, disait-on mandé à la police pour avoir dit à propos de la descente en Angleterre que Bonaparte voulait tenter... Bah! nos soldats passeront la Manche aisément, et chanté tout bas : *Les canards l'ont bien passée,* etc. Enfin, pas un mot, pas une épigramme contre le pouvoir d'alors, sans que Brunet ne fût censé les avoir imaginés. Dans les salons, dans les cafés, dans les coulisses, on le faisait arrêter régulièrement deux ou trois fois par mois ; on ajoutait qu'on le conduisait aux représentations entre deux gendarmes, et que le soir on le ramenait en prison de la même manière.

Or, vous saurez que le bon Brunet n'a, Dieu merci, jamais couché en prison de sa vie.... A quoi lui eût-il servi de se compromettre?.. Aussi, quand on était quinze jours sans répandre le bruit qu'il avait été conduit à la préfecture, il disait en riant : — Vous ne pourriez pas m'apprendre si j'ai été arrêté hier au soir ?...

Tiercelin, qui avait partagé le sceptre avec Brunet, était un acteur peuple des pieds à la tête ; son jeu était délirant....; ivre...., c'était la gaîté en débraillé ; dans les rôles grivois, les forts de la halle, les mariniers, il montrait une étonnante vérité. Dans une pièce appelée *Cricri*, ou *le Mitron de la rue de l'Oursine*, quand il disait à Brunet : *Prends garde, grain de sel, ou je t'égruge !*.... on avait peur pour Brunet....

Dans *le Suicide de Falaise*, *M. Crédule*, *le Vieux berger*, *les Vendanges de Champagne*, et beaucoup d'autres rôles, il a déployé un talent, une verve qui ne seront pas remplacés de long-temps ; mais dans les savetiers surtout, on se frottait les yeux pour chercher l'acteur, on ne trouvait jamais que le personnage. *Préville et Taconnet*, de MM. Merle et Brazier, a mis le sceau à sa réputation ; aussi, lorsque Lepeintre aîné, jouant le rôle de Préville, disait à Nicolet montrant Tiercelin :

> « Tout Paris en est idolâtre,
> » Et chez vous c'est à qui viendra ;
> » Pour l'honneur de votre théâtre,
> » Conservez bien cet homme-là !... »

L'allusion ne manquait jamais son effet, et le

vers était souvent bissé.... Tiercelin est du petit nombre de ces comédiens de genre qui ne surgissent pas coup sur coup...; il a, ainsi que quelques autres, donné son nom à son emploi. . On dit d'un acteur aujourd'hui : Il joue les Tiercelin..., comme on dit : Il joue les Trial...

En femmes, la troupe était composée des dames Granger, Elomire, Flore, Drouville, Mengozzi, et la bonne, l'excellente, la verveuse Barroyer, qui fut une des meilleures duègnes de la capitale.

La littérature, dans ce temps-là, était assez bonne fille ; les vieux encourageaient les jeunes ; Dorvigny serrait la main à Désaugiers, Dumaniant riait avec monsieur Etienne; le comte de Ségur, le grand-maître des cérémonies de l'empire, causait amicalement avec Tournay, tandis que son frère le vicomte, qui se faisait appeler Ségur *sans cérémonie*, tenait bras dessus bras dessous Dubois ou Chazet; Henrion offrait des bouquets aux nymphes du foyer en traçant le plan de *Manon la Ravaudeuse...* Servières, qui ne pensait pas à devenir référendaire, cherchait un couplet de facture avec Coupart ; et au milieu de ces groupes animés on entendait souvent une voix qui couvrait celle des autres, c'était celle de Martainville, de spirituelle et fougueuse mémoire..; Martainville si gai, si vif, si provençal !... mais si turbulent, si mauvaise tête !.. l'homme qui avait, comme on disait alors, tant d'esprit en petite monnaie... Tout ce pêle-mêle était vivace..., pittoresque...; on riait, on échangeait des bons mots..., on racontait les anecdotes du jour....

Le théâtre des Variétés, et principalement le foyer, étaient le rendez-vous des militaires; la république, le directoire, le consulat, l'empire y ont traîné leurs éperons et leurs grands sabres; c'était là qu'on faisait halte entre deux victoires; ce n'était toutefois qu'un bivouac, car le grand abatteur de trônes ne laissait pas à ses capitaines le temps d'y faire élection de domicile; j'y ai vu bien des scènes tumultueuses, car c'est toujours le Palais-Royal qui a donné le signal des révolutions, depuis celle de 1789 jusqu'à celle de 1830, depuis Camille Desmoulins, attachant une feuille verte à son chapeau et criant : à la Bastille !... jusqu'aux premiers groupes qui protestèrent contre les ordonnances de juillet. J'ai vu bien des fois le théâtre cerné, le jardin fermé, mais on y était habitué, et le commissaire Robillard nous connaissant tous, nous n'avions pas à craindre d'aller coucher à la Préfecture.

Les pièces de cette époque n'offraient guère d'intérêt; elles étaient, en général, assez mal faites. Un rôle pour Brunet, une douzaine de calembourgs, et l'on allait aux nues. Vers 1805, des auteurs voulurent voir si le public, qui courait à des niaiseries, goûterait un ouvrage d'un genre un peu plus élevé. M. Francis et feu Moreau firent jouer *les Chevilles de maître Adam*: ce vaudeville eut un succès extraordinaire, et fit d'abondantes recettes; dès lors on ne parlait plus que des *Chevilles de maître Adam*; c'étaient des pièces dans ce genre qu'il fallait dorénavant, on n'en voulait plus que de jetées dans le même moule. A l'occasion de cet ouvrage, on voulut essayer de faire une réaction. Brunet devait jouer, quelques jours après, une parade appelée *Sauvageon* ou *le jeune Iroquois*; voilà qu'une cabale épouvantable est montée contre la pièce et l'acteur; à peine la toile est-elle levée, que des sifflets partent de tous les coins de la salle. Brunet paraît en *sauvage;* c'est alors que le tumulte redouble; il veut parler, on le hue; il veut danser, on jette sur la scène des pommes et des marrons; des cris partent de toutes parts : à bas Brunet!... à bas le pantin!... à bas les calembourgs!... vivent les *Chevilles de maître Adam!*.... On brise les banquettes..., on déchire les affiches, une centaine de jeunes gens dansent en rond dans le foyer. La salle est évacuée par ordre du commissaire, et les groupes des cabaleurs parcourent le jardin du Palais-Royal en criant toujours : vivent les *Chevilles de maître Adam!* à bas Brunet!... à bas le pantin!... La cabale était patente, car j'ai de bonnes raisons pour affirmer que la parade contre laquelle on la dirigeait n'était ni meilleure ni plus mauvaise que beaucoup d'autres qui avaient eu un sort plus heureux.

Les comédiens français et ceux de l'Opéra-Comique, fatigués d'un voisin comme Brunet, ne cessaient de se plaindre de ce qu'il remplissait, tous les soirs, la salle de la Montansier, tandis que les leurs étaient vides trois fois la semaine; ils attaquèrent, non seulement l'acteur, mais le genre. Un houra se fit entendre, les journaux reçurent l'ordre de crier à l'immoralité, au mauvais goût; Fouché s'éleva avec indignation contre un théâtre qui corrompait les saines doctrines littéraires. Enfin on fit tant que l'empereur rendit un décret qui obligeait les directeurs des Variétés à quitter la salle du Palais-Royal le 1er janvier 1807; toutefois on leur permettait d'en bâtir une autre sur le boulevart Montmartre. La consternation fut générale dans le quartier, les adieux furent touchants; tous les acteurs vinrent, après la dernière pièce de spectacle du 31 décembre, chanter chacun un couplet, dans le costume du rôle où il avait brillé... Ces couplets se rattachent trop à l'histoire des Variétés et du Vaudeville pour que je ne les cite pas (1).

> Vous qui, chaque soir, à nos jeux,
> Depuis dix ans, veniez sourire ;
> Daignez recevoir nos adieux,
> En partant, notre joie expire.

(1) Ils furent improvisés en quelques heures par Désaugiers, Moreau et Francis.

Brunet, dans *Monsieur Vautour*.

A la cité, de mon tabac
Je vais transporter l'entreprise ;
J'aurai toujours du macoubac,
Pour moi, n'allez pas lâcher prise.

Madame Barroyer, dans *la Servante de Monsieur Girafe*.

Vous que l'caquet n'fatigue pas,
Vous savez tous qu'c'est moi qu'ça r'garde :
Dans le quartier des avocats,
Comme je vais être bavarde (1) !

Dubois, dans *Maître Adam*.

Maître Adam vous quitte aujourd'hui,
Adieu saillie et gaîté franches ;
Si vous ne changez pas pour lui,
Il n'aura que changé de *planches*.

Joly, dans *Gallet*.

Au débit de tous mes couplets
Ces lieux furent longtemps propices ;
Mais dans le quartier du Palais,
Gallet vendra bien ses épices.

Caroline, dans *le Diable couleur de rose*.

Si longtemps, par ses tours malins,
Colifichet parut aimable,
Dans la saison des diablotins (2),
Oublirez-vous le petit diable ?...

---

(1) La troupe allait jouer au théâtre de la Cité, en atendant la nouvelle salle.
(2) C'était le 31 décembre.

Bosquier, dans Valogne, du *Diable couleur de rose*.

> Vers la Cité, de quelques pas,
> Faites pour moi le sacrifice;
> Comme Normand, d'avance, hélas !
> Je crains le Palais de Justice.

Madame Drouville (1), dans *Manon la Ravaudeuse*.

> Dans le quartier où nous allons,
> Comme ici, puissé-je être heureuse !
> N'allez pas tourner *talons*
> A la petite *ravaudeuse*.

Vaudoré (2), dans *Monsieur Girafe*.

> Nous craignons, sans votre secours,
> De n'étrenner que les dimanches ;
> Ici nous étrennions toujours,
> C'est une autre paire de manches.

Aubertin (3), dans *le Jardinier de Monsieur Girafe*.

> J'nous consol'rons bientôt, ma foi,
> Du p'tit voyag' que j'allons faire,
> Si chaque fleur qu'ici je voi
> Vient orner not'nouveau parterre.

(1) Morte en 1833.
(2) Mort en 1808.
(3) Mort le 15 novembre 1825.

Tiercelin, dans *Vadé à la Grenouillère*.

> Si vous craignez d'passer les ponts,
> Le batelier d'la Grenouillère
> S'ra z'au poste, j'vous en réponds,
> Pour vous fair' passer la rivière.

Lefèvre, dans *le Cocher des Petites Marionnettes*.

> Demain c'est moi qui, bien ou mal,
> A la Cité conduis la noce.....
> Pourquoi tout le Palais-Royal
> Ne tient-il pas dans mon carrosse?...

Madame Mengozzi, dans Lisbeth, des *Amants Protées*.

> Vous que l'tambour et tambourin
> A la gloir', au plaisir entraîne ;
> Quand vous avez passé le Rhin,
> Craindrez-vous de passer la Seine ?...

Chœur.

> Vous qui, chaque soir, à nos jeux,
> Depuis dix ans, veniez sourire,
> Daignez recevoir nos adieux;
> En partant, notre joie expire.

Ces couplets, tout simples qu'ils soient, produisirent beaucoup d'effet; les acteurs et les spectateurs avaient les larmes aux yeux..., d'abord parce que tous les comédiens étaient aimés du public, ensuite parce que l'acte du pouvoir avait paru injuste...

Le quartier de la Cité n'était pas aussi favorable que celui du Palais-Royal.

Les habitués ne passant point les ponts, on allait interrompre les représentations, quand MM. Sevrin et de Chazet donnèrent *la Famille des Innocents*. Ce vaudeville, joué par Brunet, Joly, Veaudoré, Dubois, par mesdames Caroline, Cuisot, Drouville, Barroyer, obtint un succès prodigieux ; plus de cent mille écus furent encaissés dans l'espace de trois mois. Enfin, le 24 juin 1807, le théâtre des Variétés s'ouvrit sur le boulevart Montmartre avec un tel éclat, qu'on n'a pas vu depuis une pareille inauguration. Brunet, de comédien qu'il était, signifia que, s'il n'entrait point comme directeur, il quitterait le théâtre ; on craignit de perdre un homme duquel dépendait le salut de l'entreprise, et Brunet, ayant mis des fonds dans l'affaire, fut reçu comme cinquième administrateur.

MM. Simon et Foignet s'étaient retirés, n'ayant point voulu subir les chances d'une nouvelle construction. Une pièce de circonstance fut commandée aux auteurs en vogue : MM. Désaugiers, Moreau et Francis composèrent *le Panorama de Momus* ; cette revue offrait une série de couplets tous plus piquants les uns que les autres ; c'était un feu roulant d'esprit, c'était la boutique d'un artificier. Tous les acteurs paraissaient dans l'ouvrage ; il serait difficile de trouver aujourd'hui une réunion d'artistes aussi remarquables, un ensemble aussi parfait... Dès cinq heures du soir, Paris assiégeait les portes du théâtre; on se pressait..., on se foulait, on se battait pour tâcher d'entrer; il y avait beaucoup d'appelés et peu d'élus. Une salle charmante et commode, une société brillante et choisie, une pièce étincelante, des acteurs ivres de gaîté, un succès pyramidal..., des bravos!... des bis!... un ouvrage joué presque deux fois dans la soirée, telle fut l'ouverture d'un théâtre qui, pendant vingt ans, a joui d'une vogue sans égale!... Vous croyez peut-être qu'une fois la salle du Palais-Royal fermée, l'Opéra, les Français, l'Odéon, Feydeau vont entasser recettes sur recettes?... point : leur position ne devint ni meilleure ni plus mauvaise; le petit acte de vengeance dirigé contre Brunet et son genre ne servit, au contraire, qu'à faire sa fortune et à continuer celle de ses co-associés.

Le théâtre du boulevart Montmartre fut si constamment heureux, qu'on aurait dit qu'il défiait le bonheur; car aux acteurs que j'ai nommés vint se joindre un talent d'un ordre très élevé. En 1809, Potier, arrivant de Nantes, a complété la galerie originale des *Panoramas*; une chose à remarquer, c'est que son début ne fut pas brillant, et que même on l'accueillit avec assez de froideur. Brunet et Tiercelin étaient encore à l'apogée de leur gloire; le public, qu'ils faisaient tant rire, ne pouvait pas croire que d'autres comédiens dussent l'amuser. Potier joua, dans *Maître André et Poin-*

sinet, le rôle que Brunet avait créé ; on trouva que sa voix était rauque, caverneuse, que son débit était lent, froid, monotone ; des sifflets même se firent entendre ; quant à nous autres, jeunes auteurs, qui l'avions déjà deviné, nous le trouvions amusant, et nous l'encouragions. Un soir qu'il avait encore été sifflé, il nous dit en riant : « Je suis bien fâché, mais les Pari-
» siens me prendront comme cela, ou je re-
» prendrai le chemin de la province. » Potier sentait tout ce qu'il valait ; aussi, fort de ses convictions et de ses études, il persista dans sa manière de jouer, et ce même public, qui l'avait jugé médiocre, finit par le trouver ce qu'il était, grand comédien...; ce qu'il était..., un homme qui avait approfondi son art, un homme à qui la nature n'avait rien refusé, pas même les défauts nécessaires à son genre d'emploi. Potier était continuellement en scène ; ses yeux parlaient, ses bras parlaient..., et l'on devinait ce qu'il ne voulait pas ou ne pouvait pas dire. C'était l'acteur au sel fin, aux nuances délicates, l'acteur du grand monde et du peuple ; il savait faire passer un mot graveleux avec un goût exquis ; il sauvait une situation équivoque avec un tact parfait ; mon opinion, à moi, c'est que Potier a été l'un des meilleurs comédiens qui aient jamais brillé sur aucune scène. Toutes ses créations sont ravissantes de vérité, tout y respire une fleur de bonne comédie. Lorsque, dans

la même soirée, il jouait le *Ci-devant jeune homme*; le prince Mirliflore, de la *Chatte merveilleuse*; Pinson, de *Je fais mes farces*; il faisait à lui seul trois acteurs. Dans le *Conscrit*, l'*Homme de 60 ans*, *Werther* et le *Centenaire*, on riait et l'on pleurait tout à la fois; et dans la *Matrimoniomanie*, les *Anglaises pour rire*, la *Soirée de Carnaval*, que de talent! que de gaîté! que de folie!

J'ai entendu dire à Talma que Potier était le comédien le plus complet qu'il eût connu... Cet éloge était précieux dans la bouche du tragique le plus complet lui-même...

Potier a abordé quelquefois ce qu'en termes de coulisses on appelle *le grand trottoir* : je l'ai vu dans le *Médecin malgré lui* et dans les *Plaideurs*..; il comprenait parfaitement sa comédie française ..; j'ai toujours regretté de ne pas l'y voir, car il me semble qu'il y eût été bien placé... Potier devait tout comprendre.

Potier naquit à Paris, en 1775; sa famille était distinguée dans la magistrature. Les Potier de Gèvres siégeaient au parlement de Paris.

Qui croirait que Potier, cet homme si délicat, si frêle, cette espèce de roseau, était destiné au métier des armes?... Élève de l'École militaire, il en sortit, comme tant d'autres jeunes français, au moment où le sol fut menacé. Il partit comme volontaire, le sac sur le dos, le mousquet sur l'épaule, et les champs de Jemmapes et de Valmy le virent un des premiers sous les drapeaux. Bien qu'il eût, comme a dit Louis XVIII, le bâton de maréchal de France dans sa giberne, il ne jugea pas à propos d'attendre que cet honneur lui arrivât. Il sollicita son congé après les premières victoires de nos armées, auxquelles il assista, et, de retour à Paris, ses idées se dirigèrent vers le théâtre, qu'il aimait déjà avec passion.

Il débuta, comme on l'a vu, au boulevart du Temple, sur la scène des *Délassements comiques*, et fut le camarade de Joanny qui s'était fait aussi comédien après avoir payé sa dette au pays, et reçu une honorable blessure!

Des Délassements Potier passa au théâtre de la rue du Bac; ce fut là qu'il connut le bon et spirituel Désaugiers et se lia d'amitié avec lui. Bientôt, ayant quitté Paris, la Bretagne et la Normandie l'applaudirent; Nantes et Brest furent longtemps témoins de ses succès.

Ensuite la ville de Bordeaux le reçut avec acclamation. C'est à partir de cette époque que son talent marqua sa place à Paris. Les administrateurs des Variétés l'engagèrent, et Potier vint se placer à côté de Brunet et de Tiercelin, deux réputations européennes, comme on sait. Potier ne tarda pas à électriser les Parisiens, et dès lors sa réputation grandit de jour en jour. En 1818, par suite de petites discussions, Potier quitta les Variétés pour aller au théâtre de la Porte-Saint-Martin, où il débuta, le 7 mai, dans un vaudeville de MM. Merle et Brazier, *Le Café des Originaux*; puis il créa *le Bourgmestre de Saardam*, *le Tailleur de Jean-Jacques*, *les Frères féroces*, *le Ci-devant jeune homme marié*, *la Cloyère d'huîtres*, *le beau Narcisse* de MM. Scribe, Courcy et Saintine, et le fameux *Père sournois*, *des petites Danaïdes*. Plus tard, il rentra aux Variétés pour y briller de nouveau. Enfin sa réputation devint si grande, que toutes les administrations théâtrales se le disputèrent. Il joua successivement, *à la Gaîté, aux Nouveautés, au Palais-Royal*, et partout la foule suivait son acteur chéri.

A la suite d'un voyage en Hollande qu'il fit en 1835, ce comédien célèbre commença à éprouver les symptômes d'une maladie organique; alors il comprit que l'heure du repos avait sonné pour lui, et quitta tout à fait le théâtre pour se retirer dans une maison de campagne qu'il avait achetée à Fontenay-sous-Bois : c'est là qu'il s'est éteint tout doucement à l'âge de 64 ans, le 19 mai 1838, vers trois heures de l'après-midi.

Le 28 du même mois, ses restes mortels ont été transportés, de Fontenay-sous-Bois, à son ancien domicile rue de Lancry, et de là à l'église Saint-Laurent, où fut célébré un service funèbre, modeste, mais honorable.

Parmi les hommes de lettres qui suivaient le cortége, on remarquait MM. Merle, Antony Béraud, Cognard, Desnoyers, Alboize, Amédée

Thouret, Henri Simon, sans oublier l'auteur de ces chroniques, qui lui doit une partie de ses succès. La plupart des auteurs et des directeurs de Paris se sont fait un devoir de grossir le cortége.

Brunet, malgré son âge et une pluie incessante, est venu faire un dernier adieu au comédien distingué qui fut son camarade, mais jamais son rival.

Lorsque le corbillard fut arrivé dans le cimetière du Père-Lachaise, Vernet, Bouffé, Cazot, Sainville, Guyon, Serres et beaucoup d'autres artistes, se disputèrent l'honneur de porter le corps. Cette scène était vraiment touchante, et tous les spectateurs en furent émus.

MM. Bouffé et Antony Béraud prononcèrent quelques paroles, qui ont trouvé de l'écho dans le cœur des assistants.

Un monument doit être élevé à Potier, par sa famille. MM. les hommes de lettres et MM. les comédiens, voulant donner aussi un témoignage public de leur admiration pour ce beau talent, ont ouvert une souscription.

La commission nommée à cet effet est composée de MM. Merle, Antony Béraud, Cognard, Bouffé, Emile Taigny, Bressant.

C'est, dit-on, le buste en marbre du célèbre comédien qui sera placé sur son tombeau.

Potier a laissé, en mourant, deux réputations

bien établies et bien méritées, celle d'homme de talent et celle d'honnête homme.

Après lui, Lepeintre aîné se fit distinguer comme un comédien verveux. Lepeintre, la providence du vaudeville militaire, voué à l'épaulette comme on se voue à la toge ou à la soutane, car sous la restauration nous l'avons vu, dragon, hussard, chasseur, lancier, grenadier, caporal, colonel, tambour, général. Lepeintre a enlevé tous ses grades à la pointe du couplet. Puis Legrand, jouant les suffisants avec une impertinence grave et comique tout à la fois; Arnal qui préludait à sa gloire future...; et Odry, Odry, ce balourd si drôle, cet acteur qui n'en est pas un, mais qui a su tirer si bon parti de son regard béant, de ses genoux cagneux, de son rire d'imbécille, Odry qui était si bon dans *M. Cagnard*, et si mauvais dans *Monsieur de Pourceaugnac*.... Comme si Odry et Molière auraient jamais dû se rencontrer sur un théâtre! Et toutefois, n'allez pas croire que je cherche en rien à ternir la gloire de ce bon Odry, c'est bien l'homme le plus fou, le plus bouffon que je connaisse..., il restera comme type de la bonne grosse bêtise...; n'est pas bête comme lui qui veut...., après cela il ne jouera pas Molière, voilà tout....

J'ai dit que les Variétés avaient été souvent en butte à la jalousie des grands théâtres, et j'ai dit la vérité. A côté de vaudevilles agréables,

se souvenant quelquefois de leur vieille origine, elles jouaient des vaudevilles plus que grivois... Dans l'année 1811, on en représenta un appelé *l'Ogresse*, ou *la Belle au bois dormant*. Tiercelin, chargé du rôle de l'ogresse, y était d'un grotesque à faire peur aux petits enfants.... La pièce attirait la foule... Le duc de Rovigo, alors ministre de la police, manda tous les directeurs des petits spectacles et leur fit une allocution touchant la morale, la littérature, le bon goût, comme si la littérature et le bon goût avaient affaire dans une parade des Variétés.... Quand le tour des directeurs des Variétés fut venu, le ministre tonna contre ce théâtre plus fort que contre les autres, disant qu'il le ferait fermer s'il ne purgeait son répertoire. Brunet osa lui dire d'un air timide que les pièces étant censurées, il ne devait pas être responsable de l'effet qu'elles pouvaient produire; que, sous l'ancien régime, on donnait des ouvrages plus licencieux !... A ce mot d'ancien régime, le ministre fronça le sourcil, et dit en se promenant à grands pas dans son salon : « Oui, vous avez
» raison, sous l'ancien régime, les ducs, les
» marquis, les comtesses riaient volontiers de
» ces platitudes ; mais on les a tous mis à la
» porte, et nous, on ne nous y mettra pas. »

Deux ans après, Napoléon était à l'île d'Elbe, et son excellence à la porte de son ministère.

Jocrisse a donc vu, pendant vingt ans, l'épée

de Damoclès suspendue sur sa tête ; sans de puissantes protections, on aurait bien pu le chasser du boulevart Montmartre comme on l'avait fait du Palais-Royal.... Une circonstance heureuse pour les administrateurs, c'est que le comte Regnaud de Saint-Jean-d'Angely et l'archichancelier Cambacérès les couvrirent de leur patronage. Cambacérès s'y montrait tous les soirs flanqué de deux vieux courtisans qui ne le quittaient pas plus que son ombre. C'était le vieux marquis de Villevieille, homme d'esprit, qui s'était frotté à toute la littérature du dix-huitième siècle ; ce fut lui qui, lors du refus d'inhumer Voltaire, publia un mémoire énergique dans lquel il disait : « Si vous refusez la
» sépulture au plus grand homme de votre
» nation, je ferai transporter ses restes chez les
» Anglais, qui seront fiers de les placer à West-
» minster. » L'autre était ce bon d'Aigrefeuille dont la réputation de gourmandise devint européenne, et qui mérita le surnom de *Montmaur moderne* ; c'était ce d'Aigrefeuille qui, voyant la puissance de l'empereur chanceler, disait avec une bonhomie admirable : « Cet homme en
» fera tant qu'il finira par compromettre mon-
» seigneur. » On a composé sur lui ce plaisant quatrain :

« D'Aigrefeuille, de monseigneur,
» Ne pouvant plus piquer l'assiette,
» Pour en témoigner sa douleur
» A mis un crêpe à sa fourchette. »

Il ne faut pas croire, toutefois, que ce théâtre ne jouait que des ouvrages grivois; il a souvent fustigé avec esprit et malice les sottises de son temps.

Une pièce de MM. Scribe et Dupin, intitulée *le Combat des Montagnes*, devint la cause d'un grand scandale; dans ce vaudeville, qui passait en revue tous les ridicules du jour, on avait introduit un jeune commis-marchand, sous le nom de *M. Calicot*, lequel portait éperons et moustaches; car, alors, beaucoup de très pacifiques citadins, voulant se donner des airs de mal-contents, se laissaient pousser d'affreuses moustaches, et faisaient sonner sur le pavé les talons de leurs bottes éperonnées, avec un épouvantable fracas.

Comme la paix était faite, chacun voulait passer pour ancien militaire; tout le monde voulait avoir été gelé à Moscou.... Une centaine de commis-marchands se crurent offensés dans le personnage de *M. Calicot*, une cabale fut montée contre la pièce nouvelle, et, le dimanche suivant, elle croula au milieu des huées et des sifflets; on menaça même Brunet de lui faire un mauvais parti, s'il remettait l'ouvrage sur l'affiche.

L'autorité, ne voulant pas céder, ordonna que les représentations fussent continuées. M. Scribe improvisa un prologue très piquant, *le Café des Variétés*, dans lequel Vernet remplissait le rôle d'un bossu d'une manière si originale.

Les couplets et l'acteur allèrent aux nues, et la seule compensation que les pauvres cabaleurs reçurent, c'est que, grâce au prologue, la pièce, qui n'aurait peut-être eu que quelques représentations, fut jouée pendant deux mois consécutifs. Le nom de *Calicot* devint proverbial, et je ne serais pas surpris qu'on le trouvât dans le nouveau Dictionnaire de l'Académie.

Tout Paris chanta ce couplet adressé aux commis-marchands qui portaient des éperons et des moustaches.

> Ah ! croyez-moi, déposez sans regrets
> Ces fers bruyants, ces appareils de guerre,
> Et des amours, sous vos pas indiscrets,
> N'effrayez plus les cohortes légères.
> Si des beautés dont vous causez les pleurs,
>   Nulle à vos yeux ne se dérobe,
>   Contentez-vous, heureux vainqueurs...,
> De déchirer leurs tendres cœurs,
> Mais ne déchirez pas leur robe.

Plusieurs jeunes gens furent arrêtés, quatre subirent un jugement correctionnel. Il est bon de rappeler aujourd'hui ce que l'on imprimait à ce sujet : « Les jeunes gens devraient réfléchir
» que faire le portrait d'un homme qui exerce
» une profession n'est point attaquer la profes-
» sion elle-même ni tous ceux qui l'exercent.
» On a mis en scène les médecins, les apothi-
» caires, les procureurs, les auteurs eux-mêmes;

» on ne fait en cela qu'user du droit accordé à
» tous les écrivains dramatiques.

« La comédie est un miroir
» Qui réfléchit le ridicule. »

Le théâtre des Variétés a joué peu de parodies ; mais il en est une qui mérite une mention particulière. Je veux parler de *Cadet Roussel beau-père*, imitation burlesque de la comédie des *Deux Gendres* : c'est une des farces les plus amusantes qui se soient vues au théâtre pour la franchise et la gaîté du dialogue. Brunet y était d'un naturel et d'une bonhomie à faire pouffer de rire.... Quand il adressait des reproches à ses deux filles sur l'abandon dans lequel elles le laissaient, et qu'il leur disait avec le pathétique de Cadet Roussel : « Quand vous alliez à le
» Gaîté, à l'amphithéâtre des quatrièmes, pour
» voir M. Marty dans *l'Illustre Aveugle,* et que
» vous me laissiez seul dans ma chambre, et
» sans chandelle encore..., c'était moi qui l'étais
» *l'illustre aveugle!*.... » Et puis quelle admirable moralité termine la pièce ! « Ne donnons
» jamais rien à nos enfants, si nous voulons
» qu'ils aient pour nous une reconnaissance
» égale à nos bienfaits! » Cette excellente parodie est de M. Dumersan.

J'ai dit, au commencement de ce chapitre, que le théâtre des Variétés avait été, depuis son origine, en butte à des critiques souvent acerbes et même injustes. Il me reste maintenant à le prouver, et pour cela il me suffira de quelques citations ; voilà ce que je trouve dans un recueil du temps :

» On peut donner en très peu de mots un
» résumé fort exact sur le genre du théâtre et
» sa situation.

» Quant à son genre, c'est l'égout des autres
» théâtres : bêtises, platitudes, trivialités,
» coqs-à-l'âne, calembourgs et jeux de mots,
» voilà ce qui compose son répertoire, et ce
» qu'il offre à l'avide curiosité des gobe-mou-
» ches, des oisifs, des Midas parvenus, et de
» tous les imbécilles qui ne sont plus communs
» à Paris qu'ailleurs que parce que Paris est la
» plus grande ville de la France.

» Quant à sa situation, c'est l'établissement
» le plus avantageux, pour les propriétaires, de
» tous ceux qui existent dans la capitale. Avec
» les trésors dont je viens de faire l'énuméra-
» tion, les administrateurs du théâtre des Va-
» riétés ont trouvé le moyen de se faire cha-
» cun soixante ou quatre-vingt mille livres de
» rente.

» Considéré dans ses rapports avec les grands
» théâtres dont il attaqua la prospérité, le
» théâtre de Brunet (car il faut bien le nommer
» ainsi, puisque toute sa fortune repose sur
» la tête de Brunet, et que sans Brunet il ne
» serait rien) est le plus grand ennemi de ces

» antiques établissements qui suffisaient aux
» plaisirs de nos aïeux.
» Considéré relativement à son influence sur
» le goût et l'art dramatiques, et sur la littérature
» en général, il paraît plus dangereux encore.
» Depuis son établissement on s'habitue à croire
» que la gaîté comique ne peut plus être tolérée
» qu'au boulevart ; et dès que l'on découvre,
» dans une pièce ancienne ou nouvelle jouée sur
» les grands théâtres, quelque chose de naturel
» et de plaisant qui blesse les règles d'une déli-
» catesse outrée auxquelles on veut les astrein-
» dre, vous entendez crier partout : *aux Va-*
» *riétés ! au boulevart !*... Ce qu'il y a de plaisant,
» c'est que les mêmes personnes qui s'offensent
» d'une plaisanterie tolérable aux grands théâ-
» tres approuvent et applaudissent aux Variétés
» des pièces tissues de grossièretés et de bêtises :
» leur délicatesse et leur indulgence sont éga-
» lement ridicules et révoltantes. »

On voit clairement, par cet article, que la croisade était toujours prêchée au nom des grands théâtres...; cet excellent Brunet était censé être un obstacle à leur prospérité. Si l'on n'allait pas voir les vieilles pièces du répertoire français, c'était la faute de Brunet..; si *les Sabots* ou *Blaise et Babet* n'attiraient personne à l'Opéra-Comique, c'était encore la faute de Brunet..., si *le Devin de village* ne remplissait pas la salle de l'Académie impériale de musique, c'était toujours la faute de Brunet...; et ce bon Brunet disait quelquefois : « Ce n'est » pas pourtant moi qui peux faire du tort à » Talma..., nous ne jouons pas le même em- » ploi. »

Pour prouver que la critique qu'on vient de lire n'était pas de bonne foi, il suffit de dire que déjà, en 1809, le théâtre des Variétés donnait des ouvrages très agréables et qui ne pouvaient en rien corrompre les mœurs du peuple. Ce fut cette année que l'on y joua *le Gâteau des Rois*, de Francis; *Un tour de carnaval*, de Désaugiers; *Jocrisse aux enfers*, *Saint-Foix braconnier*, *le petit Candide*, *Un tour de Colalto*, *A bas Molière*, *la Ferme et le Château*, *Coco Pépin* ou *la nouvelle année*, et le fameux *Départ pour Saint-Malo*.... Tous ces vaudevilles étaient autant de charmantes petites pièces, où rien n'effarouchait la morale, mais où l'esprit et la gaîté abondaient.

La Restauration, qui ne fut pas aussi croquemitaine qu'on a bien voulu le dire, répara quelques injustices de l'Empire. Ce fut elle qui permit de rouvrir le théâtre Saint-Martin en 1815. Elle accorda facilement de nouveaux priviléges, ceux du Gymnase, des Nouveautés, du Panorama-Dramatique; elle ferma les yeux sur Bobineau, laissa madame Saqui et les Funambules jouer des pièces dans le genre de celles que l'on représentait à l'Ambigu et à la Gaîté.

Depuis 1830, une douzaine de spectacles ont été ouverts…. Eh bien! jamais les grands théâtres ne se sont trouvés dans un état plus prospère.

Robert le Diable, *la Juive*, *les Huguenots* et des ballets ravissants ont produit des recettes considérables à M. Véron. *Chatterton*, *Bertrand et Raton*, *Don Juan d'Autriche*, *Marie ou les Trois Époques*, *la Camaraderie*, et quelques pièces des grands maîtres jouées par les premiers sujets, ont rempli et remplissent encore la caisse des sociétaires. *Le Pré aux Clercs*, *le Postillon de Longjumeau*, *l'Ambassadrice*, ont attiré tout Paris à l'Opéra-Comique. Lorsque les bouffes chantent *la Donna del Lago*, *la Cenerentola*, *Don Giovanni*, *il Matrimonio segreto*, la foule se porte au Théâtre-Italien.

Je répéterai donc aux grands théâtres : Attirez à vous les grandes capacités ; vous, messieurs de la Comédie-Française, jouez souvent les chefs-d'œuvre de Molière, de Regnard, de Destouches ; accueillez des modernes, tels que Casimir Delavigne, Victor Hugo, Alexandre Dumas, Scribe, Alfred de Vigny et quelques autres ; mettez souvent sur votre affiche les noms de Joanny, de Ligier, de Volnys, de Firmin, de Périer, de Monrose, de Samson ; montrez-nous tous les soirs nos grandes et bonnes actrices, Mars, Dorval, Volnys (Fay), Anaïs, Desmousseaux, etc….

Que les grands théâtres lyriques imitent votre exemple, et quand on ouvrirait des petits spectacles au coin de chaque rue, on serait toujours bien forcé d'aller chez vous ; oui, quel que soit le grand nombre des spectacles, on ne comptera jamais à Paris qu'un Théâtre-Français fondé par Molière, une Académie royale de musique inventée par Lully, un Théâtre-Italien mis en vogue par Cimarosa, un Opéra-Comique immortalisé par Grétry.

La fameuse *Marchande de Goujons*, si bien représentée par mademoiselle Flore, était ce qu'on appelle un vaudeville au gros sel. Cet ouvrage scandalisa de prudes notabilités, on cria de nouveau contre le pauvre théâtre, on fit encore courir des bruits sinistres, et cette fois il ne s'agissait rien moins que de le rayer du nombre des vivants !...

Depuis cette époque jusqu'à la révolution de juillet, ce théâtre déclina sensiblement ; des rivalités d'auteurs, de petits abus dans l'administration, furent cause que le théâtre le plus gai de Paris en devint tout à coup le plus triste. Plus de ces bonnes folies, de ces pièces de bon aloi, de ces petits tableaux de mœurs qui avaient si longtemps amusé et fixé la foule ; mais des ouvrages sans couleur, beaucoup de mauvais acteurs de trop, beaucoup de bons comédiens de moins. Voilà où en étaient les Variétés quand M. Armand Dartois, ayant acheté la part de

Brunet, en 1829, se chargea des nouvelles destinées de l'entreprise. M. Dartois, bon garçon, auteur spirituel, arriva avec les meilleures dispositions du monde ; mais à peine était-il au timon des affaires théâtrales, que, se trouvant débordé par les circonstances, il fut obligé, comme ses confrères, d'ouvrir au drame sa porte à deux battants.

Depuis quelques années, Tiercelin (1), Potier, Lepeintre aîné, Arnal, Legrand ne faisaient plus partie de la troupe ; Brunet et Bosquier-Gavaudan se retirèrent à leur tour ; il ne restait plus que Vernet pour pleurer sur Jérusalem....

Dans la situation précaire où se trouvait le théâtre, on tint conseil et on sonna le tocsin ; à ce bruit lugubre, Frédéric-Lemaître accourut.

Frédéric-Lemaître est un comédien à grandes ressources, un homme capable de remuer des masses ; mais *Leicester* et *le Joueur*, en compagnie *d'Étienne et Robert*, ou de *M. Chapolard*, me paraissent une énormité. De deux choses l'une : ou les Variétés doivent jouer le drame, ou elles doivent jouer le vaudeville. Si elles inclinent pour le drame, Frédéric est leur homme, elles ne sauraient trouver mieux ; mais alors, donnez-lui un grand cadre, une vaste scène, des compositions larges, bizarres, hardies..., comme son talent ; entourez-le de co-

(1) Il est mort le 14 février 1837.

médiens qui le devinent, le comprennent, qui s'harmonisent avec lui ; car l'ensemble, comme on dit dans les coulisses, l'ensemble, ce grand levier de l'art dramatique, ne s'acquiert pas dans un jour, il faut des années : voilà pourquoi l'ancienne troupe du Panorama a jeté tant d'éclat. Si, au contraire, le théâtre veut en revenir à son genre natif, Frédéric ne lui sera d'aucune utilité et se nuira à lui-même, parce que, je le répète, c'est un comédien pour lequel il faut tracer des tableaux d'histoire et non faire des croquis ou des aquarelles... Une autre considération plus puissante encore, c'est le danger qu'il y a, pour une entreprise théâtrale, de recourir à des moyens exotiques ; d'appeler, si j'ose le dire, l'étranger à son secours. Un théâtre doit vivre de lui, de lui seul, de son intelligence, de son répertoire, de ses acteurs ; sans cela, il court grand risque de n'avoir que des moments de prospérité, et quand les jours néfastes arrivent, s'il ne trouve pas sous sa main, à heure fixe, un nom magique..., un Frédéric-Lemaître enfin, il peut reperdre en six mois ce qu'il a gagné en un an.

Lorsque j'ai dit que Vernet restait seul pour pleurer sur Jérusalem, je n'ai pas prétendu dire que l'on ne riait plus aux Variétés, ni que l'on n'y rirait plus désormais : cette idée serait injuste et triste !.... mais ce que j'ai voulu dire et ce que je pense, c'est que Vernet sera la dernière expression de cette troupe si gaie...., si brillante, si complète, et qui a brillé si long-temps au boulevart du Panorama.

Les Variétés possèdent encore aujourd'hui quelques anciens sujets qui leur sont d'une grande ressource et que le public aime toujours à voir. Parmi la nouvelle troupe, Bressan peut prétendre à des succès solides s'il veut donner à son jeu plus de naturel et moins de prétention.

Les autres comédiens et comédiennes méritent des encouragements, et je désire que quelques uns d'entre eux nous rendent, un jour, un Brunet, un Potier, un Legrand, un Arnal, ainsi qu'une Élomire, une Pauline, une Cuisot, voire même une mère Vautrin, si naturelle et si parfaite dans la mère Michel des *Cuisinières*... Cela peut arriver.... L'avenir appartient à tout le monde, et jamais je ne désespère du salut de la patrie!

Le théâtre des Variétés fut presque mon berceau de vaudevilliste, et je forme des vœux bien sincères pour sa régénération et sa prospérité.

Un grand évènement dramatique, c'est la rentrée solennelle de Jenny-Vertpré!...

Cette petite actrice si fine, si maligne, si douée de cette rare intelligence qui fait seule les bonnes comédiennes, Jenny-Vertpré vient d'obtenir aux Variétés un nouveau triomphe... Elle a reparu telle qu'elle s'y était montrée il y a quelques années, toujours gentille, toujours piquante, toujours bonne actrice. Jenny est encore une exception au théâtre... C'est une comédienne qui jette le mot avec un art, avec un tact parfait... : il faut, bon gré mal gré, que l'on trouve de l'esprit dans tout ce qu'elle débite ; elle aimerait mieux y mêler du sien plutôt que de laisser prendre un auteur au dépourvu. Elle vient de jouer dans le *Chevalier d'Éon*, de MM. Bayard et Dumanoir, deux rôles tout à fait différents, une impératrice et une petite fille d'auberge.

Eh bien ! elle a porté le diadême avec la même grace que la cornette ; l'un ne la gênait pas plus que l'autre : lorsqu'elle a chanté, au troisième acte, le couplet qui suit, elle a été saluée par une triple salve d'applaudissements. Déjà au premier acte, sous le costume d'*Élisabeth*, une couronne de fleurs lui avait été jetée galamment. Elle a donc été couronnée deux fois dans la même soirée... Voici le couplet, c'est la petite fille d'auberge qui chante ;

> Dans cet hôtel, on a beau faire,
> La foul' n'abonde pas toujours ;
> Mais enfin, en ces lieux, j'espère
> Qu'avec moi r'viendront les beaux jours ;
> Car du public je suis la fille,
> Trop heureuse, si toujours bon,
> Il me trouvait assez gentille
> Pour achalander la maison.

Voilà donc les variétés en possession de Frédéric-Lemaître et de Jenny-Vertpré...; c'est le drame et le vaudeville aux prises : espérons que les directeurs sauront tirer bon parti de ces deux talents.

M. Bayard, homme de lettres, avait succédé à M. Dartois dans la direction du théâtre des Variétés. Comme auteur dramatique, les talents de M. Bayard sont connus; son intelligence et sa moralité offrent encore toutes les autres garanties que demande ce genre d'administration.

M. Bayard vient de céder sa place à M. Dumanoir, auteur de beaucoup de jolis vaudevilles. Les Variétés paraissent vouloir rentrer dans leur genre primitif; j'en félicite l'administration, je crois que là seul est la fortune de ce théâtre.

Le *Père de la débutante*, *Suzette*, *Madame et Monsieur Pinchon*, *les Saltimbanques* et *Mathias l'invalide* prouvent que le sol et les comédiens sont essentiellement grivois, et qu'au théâtre fondé par Brunet et fécondé par Désaugiers,

Il faut rire,
Rire et toujours rire.

THÉATRE DES TROUBADOURS.

AUX SALLES MOLIÈRE ET LOUVOIS.

J'ai dit, dans ma chronique de la Comédie-Italienne, que Piis et Barré avaient commencé leur carrière dramatique ensemble. *Les Amours d'été*, *les Vendangeurs*, *la Matinée villageoise* avaient servi à cimenter une amitié que rien ne paraissait devoir altérer. La fondation du théâtre du Vaudeville à la rue de Chartres semblait devoir augmenter encore l'intimité de leur collaboration, lorsqu'une circonstance inattendue vint brouiller les deux amis. Piis, ayant élevé, comme fondateur du Vaudeville, quelques nouvelles prétentions qui ne furent pas accueillies par les actionnaires, prit la résolution d'établir théâtre contre théâtre. Un comédien du Vaudeville qui était auteur, Léger, se rangea du côté de Piis, et tous deux ouvrirent un nouveau spectacle chantant, qu'ils appelèrent *théâtre des Troubadours*. La salle Molière ayant été choisie, des acteurs furent engagés, des pièces mises à l'étude, et le 15 floréal an VII l'ouverture de la salle eut lieu par un prologue de Léger intitulé : *Nous verrons*, et le *Billet de logement*, du même auteur. La troupe se recruta d'acteurs de différents théâtres : Bosquier-Gavaudan, Saint-Léger, Révoil, Tiercelin, Belfort, les dames Remy, Joigny, de Laporte, Avolio, etc., etc., en formèrent le noyau. On se plaint aujourd'hui de ce que le genre horrible envahit la scène, on va voir qu'en 1799 on s'en plaignait déjà. On joua sur celle des Troubadours un vaudeville appelé : *à bas les diables, à bas les bêtes, à bas le poison, à bas les prisons, à bas les poignards !...* Cette pièce passait en revue toutes les horreurs à la mode. Or, à cette époque, les romans anglais avaient tous les honneurs de la scène française, et notamment *le Moine*, *les Mystères d'Udolphe*, *le Confessionnal des Pénitents noirs*, etc. On lisait constamment sur les affiches des théâtres des boulevarts : *mélodrame en trois actes, imité de l'anglais*. Ce n'est donc pas d'aujourd'hui que l'horrible est en possession du théâtre en France. Mercier, surnommé le Dramaturge, était déjà en butte aux traits de la satire, et déjà le petit vaudeville

> Poussait *Comminges* (1) défaillant
> Dans la fosse qu'il s'était faite,
> Et du vinaigrier dolent
> Renversait à plat la brouette (2).

(1) Drame larmoyant d'Arnaud-Baculard.
(2) *La Brouette du Vinaigrier*, drame du même genre, de Mercier.

C'est qu'en réalité, à toutes les époques, il y a eu, au théâtre, du bon et du mauvais, du sublime et du ridicule.

Après avoir quitté la salle Molière, les Troubadours allèrent s'établir, le 14 thermidor, dans celle de la rue de Louvois.

On se plaint encore aujourd'hui de ce que certains théâtres donnent une pièce nouvelle chaque semaine : celui de Piis et Léger en jouait souvent deux, trois, quatre même. Il est vrai de dire qu'il n'y gagnait pas grand'chose ; mais il lui fallait faire des efforts inouis pour soutenir la concurrence avec le Vaudeville, que Barré, Radet et Desfontaines alimentaient presqu'à eux seuls. Afin d'arriver les premiers, ils s'enfermaient tous trois : l'un travaillait à la prose, les autres cherchaient des couplets. Dès qu'il y avait deux scènes de faites, on les remettait au copiste, celui-ci les envoyait au régisseur, qui les faisait répéter, si bien que, lorsqu'on arrivait au vaudeville final, la pièce était sue entièrement. Le théâtre des Troubadours sentait que la concurrence était difficile à soutenir : aussi jouait-il des pièces nouvelles coup sur coup. Les évènements politiques, qui se pressaient alors avec une incroyable rapidité, leur fournissaient tous les jours de nouveaux sujets de pièces. Bonaparte, qui travaillait à se faire souverain maître, encourageait la verve adulatrice de l'enfant malin. Si je l'osais, je dirais qu'à cette époque le vaudeville lui faisait presque *la courte échelle* : aussi, plus tard, il s'en souvint ; Barré, Radet et Desfontaines reçurent, ainsi que je l'ai dit, chacun une pension de trois mille francs ; Piis devint secrétaire général de la Préfecture de police ; tous les chansonniers qui composèrent un couplet pour célébrer la naissance du roi de Rome touchèrent douze cents francs. L'encens est devenu moins cher depuis cettte époque. Les auteurs qui se consacraient plus spécialement au théâtre des Troubadours étaient alors Léger, A. Gouffé, George Duval, Servières, Dubois, Francis, Étienne, Moras, Nanteuil, et un jeune homme du nom de Morel qui mourut à son début dans la carrière.

Lorsque le premier consul envoya à Paris les tableaux et les statues qu'il avait enlevés à l'Italie, ou fit beaucoup de vaudevilles de circonstance. MM. Etienne, Moras et Nanteuil composèrent *l'Apollon du Belvédère, ou l'Oracle.* Cette petite pièce, qui distribuait beaucoup de critiques, blessa quelques susceptibilités littéraires ; car, dans ce temps-là, le vaudeville était une puissance. Apollon, qui rendait ses oracles dans ses ouvrages, y mettait toute la franchise d'un dieu. Quand on lui demandait quel était son plus cher favori, il répondait *Grétry ;* quel était le plus aimable écrivain, *Colin ;* le poète au plus brillant style, *Delille ;* mais, en revanche, il n'épargnait point *Misan-*

tropie et repentir, n'acceptait *l'abbé de l'Épée* qu'en faveur de son nom, et disait que l'Opéra-Comique, ne pouvant plus payer son loyer, avait mis : *Maison à vendre*. Des épigrammes contre quelques journaux valurent aux auteurs des articles un tant soit peu acerbes, auxquels ceux-ci répondirent avec âcreté. Dès lors la guerre fut déclarée, guerre très vive, mais non sanglante. On peut en voir les détails dans une préface imprimée en tête de *l'Apollon du Belvédère*, et dont voici quelques fragments :

« Cette folie, à laquelle a donné lieu l'inau-
» guration de l'Apollon du Belvédère, a été
» composée en une nuit et représentée en trois
» jours.

» Le succès complet qu'elle a obtenu nous
» venge bien, disent les auteurs, des injures de
» certains pygmées qui ne peuvent nous par-
» donner de ne les avoir pas mis au nombre
» des favoris d'Apollon. . . . .
. . . .
» Il est plus agréable pour nous d'opposer à
» de vaines clameurs le témoignage d'un grand
» homme, celui du Molière de la musique ;
» il assistait avec toute sa famille à la représen-
» tation de *l'Apollon*. Au moment où celui-ci
» lui rend grâce de l'avoir si bien fait chanter
» dans *Midas*, de vifs applaudissements écla-
» tèrent dans toute la salle. Le lendemain il a
» écrit aux auteurs la lettre suivante, dont ils

» suppriment, toutefois, ce qu'elle contient de
» trop flatteur pour eux. »
Voici la lettre de Grétry.

GRÉTRY,
aux citoyens
MORAS, ÉTIENNE ET NANTEUIL.

« J'ai assisté hier aux Troubadours, citoyens :
» c'était fête complète pour moi et pour ma
» famille qui m'accompagnait. L'Apollon du
» Belvédère, auquel j'ai fait la cour à Rome pen-
» dant dix ans, a bien voulu me reconnaître à
» Paris, et c'est à l'estime flatteuse que vous
» avez pour mes faibles talents que je dois cette
» reconnaissance qui m'honore. Continuez tou-
» jours de même, citoyens ; j'ai fini ma tâche,
» mais j'aime les succès de mes survivanciers,
» et une moisson entière vous reste encore à
» cueillir.

Signé GRÉTRY. »

Ces petits documents qui aujourd'hui paraissent ridicules, niais peut-être, prouvent cependant l'importance que l'on attachait alors à un vaudeville.

Après *l'Apollon du Belvédère*, les ouvrages qui obtinrent le plus de succès sont : *Clément Marot, le Val-de-Vire, les Dieux à Tivoli, le Rémouleur et la Meunière, le Prisonnier pour dettes, Deux et deux font quatre.* Auger l'académicien, le commentateur de Molière, Auger dont la fin a été si malheureuse qu'on a dit de lui qu'il était tombé dans l'abîme que Pascal voyait sans cesse ouvert sous ses pas; Auger y a donné deux forts jolis ouvrages, *Arlequin Odalisque* seul et *Lamotte-Houdard à la Trappe*, avec Piis. Mais un vaudeville qui obtint un honneur que l'on ne rencontre pas souvent au théâtre, ce fut la *Nouvelle inattendue* ou *la Reprise de l'Italie*, d'un nommé Bonel, mort il y a déjà quelques années : cette bluette, représentée le 12 messidor an VIII, eut un succès de fureur, à ce point que le second consul, Cambacérès, étant arrivé comme on baissait la toile, le public se leva en masse et demanda que l'on recommençât la pièce ; elle fut jouée deux fois dans la même soirée. Avouons que la circonstance qui l'avait fait naître était bien digne d'électriser une jeunesse vive, ardente et passionnée. Les lauriers de l'Italie sont si purs! si beaux! et Bonaparte, général en chef et premier consul, était si grand! On pense bien que l'éloge du jeune Desaix, tué à Marengo, devait avoir place dans cet ouvrage. Lorsque l'acteur répétait les dernières paroles du jeune héros : *Allez dire au premier consul que je meurs avec le regret de n'avoir point fait assez pour vivre dans la postérité*, les larmes coulaient de tous les yeux; il y eut comme une halte dans le parterre, puis on cria *bis!* les paroles furent répétées :

ici la prose l'emporta sur les couplets.

La révolution de 1789, qui avait changé bien des positions, renversé bien des fortunes, devait, après avoir été célébrée avec fureur, trouver de l'opposition...; aussi aucune de ses phases n'a échappé aux traits satiriques des vaudevillistes. Vers 1798, il y eut un houra contre ceux que l'on appelait alors les *parvenus*, et l'on pense que le théâtre ne fut pas le dernier à s'emparer d'un sujet qui lui paraissait bon à exploiter.

L'un des premiers ouvrages de ce genre qui eut un immense succès fut la fameuse *Madame Angot*, ou *la Poissarde parvenue*, d'un nommé Maillot, jouée en 1799 sur le théâtre de la Gaîté; les sarcasmes y étaient prodigués à ceux qui avaient fait fortune rapidement...; on immolait en scène les agioteurs qui spéculaient au Perron (c'était la bourse de ce temps-là); on y trafiquait sur le tiers consolidé, après y avoir trafiqué sur les assignats... L'élan une fois donné, on se crut obligé de mettre des parvenus dans tous les ouvrages; on vit paraître *les Valets maîtres*, *les Modernes enrichis*, *le Nouveau propriétaire*. On avait soin de faire tenir aux parvenus un langage ou niais ou grossier; on les représentait comme ne connaissant aucun des usages de la société; ils étaient toujours bafoués, et l'on chantait à un domestique enrichi :

« Tu n'es pas le premier valet
» Qui ne connaisse plus son maître. »

Et puis :

« C'ty-là qu'on traîne
» Si vite dans un phaéton,
» Queuq' beau matin, changeant de ton,
» Pourra r'monter derrière,
» Comme faisait son père. »

Les gens comme il faut affectaient de mal parler pour imiter les parvenus... Il est vrai de dire que ces choses-là amusaient beaucoup les spectateurs... On peignait les nouveaux riches ne sachant ni lire ni écrire, et l'on chantait :

« Si leur ignorance en tout
» Tend à faire baisser les livres,
» Ce sont eux, prouvait leur bon goût,
» Qui font hausser les vivres. »

Dans *Christophe Morin ou Que je suis fâché d'être riche !* joué sur le théâtre dont je trace la chronique, une femme de chambre qui avait pris la place de sa maîtresse demandait à Christophe Morin quelle robe elle devait mettre pour aller au bal...

Mettrai-je ma robe de basin,
Ou ma grande sultane ?...
Aimez-vous mieux celle de satin
Que celle en tarlatane ?...
Passerai-je ma robe lilas,
Ou mettrai-je ma robe brune ?...

Et Christophe Morin disait tout bas en haussant les épaules :

« Tu n'avais pas tous ces embarras
» Quand tu n'en avais qu'une. »

Et les rires, les bravos d'ébranler la salle !... Si, après les grandes révolutions, il y a toujours la moitié du public pour rire de l'autre moitié, c'est qu'il y a toujours dans les révolutions des intrigants et des dupes... Voyez plutôt....

Puisque j'en suis à citer les pièces où les parvenus jouaient un rôle, je ne puis oublier un ouvrage qui attira des persécutions sur l'un de nos plus spirituels écrivains, M. Emmanuel Dupaty; bien que cette pièce n'ait pas été jouée aux Troubadours, je dois en parler comme d'une pièce de circonstance.

« Dupaty poursuivait sa double carrière
» d'homme de lettres et de militaire, lorsqu'il
» composa une pièce intitulée *l'Antichambre*
» ou *les Valets entre eux*, donnée depuis sous
» le titre de *Picaros et Diégo*. Cet ouvrage
» excita contre lui la colère du premier consul
» Bonaparte, à qui des ennemis de l'auteur
» persuadèrent qu'il avait voulu faire une satire
» contre lui. A cette époque, quoiqu'on fût
» encore en république, le premier consul
» essayait déjà le trône qu'il fonda plus tard,
» et préludait à l'empire par l'arbitraire et le

» pouvoir absolu. A la première nouvelle qui vint
» aux oreilles de Bonaparte, l'officier homme de
» lettres fut enlevé de chez lui par les limiers
» de la police et conduit à la Préfecture. Là on
» lui proposa un exil volontaire. M. Dupaty,
» dont la fermeté ne se démentit pas un instant,
» refusa cette concession honteuse et demanda
» un jugement légal; mais il avait affaire à plus
» entêté et surtout à plus puissant que lui, et
» malgré son énergique résistance, malgré les
» instances de la bonne Joséphine, il fût mis
» sous la garde de deux gendarmes qui le con-
» duisirent à Brest. Là on lui communiqua
» l'arrêté des consuls qui le déportait à Saint-
» Domingue et l'incorporait dans l'armée du gé-
» néral Leclerc. Ce n'est pas un des actes les moins
» remarquables du consulat, et l'on se rappelle
» que c'est la même main qui signa le traité de
» Campo-Formio, l'ordonnance qui fonda la
» Légion-d'Honneur et qui s'amusa à signer
» l'exil d'un pauvre homme de lettres (1)! »

Depuis, l'homme de lettres vaudevilliste, le spirituel convive des *Dîners du vaudeville* et du *Caveau moderne*, a composé une foule de jolies comédies, un poème remarquable sur les *délateurs*, un grand nombre de piquants articles des journaux. L'Académie enfin a ouvert ses portes à la chanson!... C'est qu'il y avait autre chose à

(1) Extrait du *Monde dramatique*.

côté.... Qu'elle reçoive de temps en temps des vaudevillistes comme MM. Scribe et Dupaty!... et les gens les moins partisans du couplet applaudiront... Allons, courage, messieurs de l'Académie!...

> Flon, flon, flon, lariradondaine,
> Gai, gai, gai, lariradondé.

La guerre incessante que l'on faisait aux nouveaux riches se ralentit peu à peu, cette fièvre se calma ; le grand parvenu de la victoire, Bonaparte, qui en avait fait arriver tant d'autres, saisit le pouvoir; alors la médaille fut retournée, et l'on finit par dire autant de bien des parvenus qu'on en avait dit de mal. Il est juste d'ajouter que sous l'empire beaucoup de gens étaient arrivés par leur courage et leur mérite : ceux-là ne devaient point prêter au ridicule.. Alors on chantait partout : honneur aux soldats qui sont devenus officiers par leur mérite ! gloire à l'industriel qui fut l'artisan de sa fortune ! Depuis longtemps toutes les nuances ont disparu, on n'attaque plus ceux qui s'enrichissent avec le gaz, les chemins de fer, les omnibus, les ponts suspendus; on trouve tout naturel que celui qui travaille parvienne.

C'est étonnant comme vingt ou trente ans changent la physionomie d'un peuple !

Aux parvenus succédèrent les fournisseurs, ceux-là reçurent aussi force horions de l'enfant malin; on les représentait toujours avec un ventre énorme : Duchaume en avait l'entreprise au Vaudeville, et Saint-Léger aux Troubadours...; on leur mettait dans la bouche :

« Notre pays s'est agrandi,
» Et mon ventre s'est arrondi. »

Ou bien :

« Ces chers enfants de la victoire,
» Je les fais marcher à la gloire
» Sur des semelles de carton. »

Ou bien encore :

« C'est en volant l'blé d'nos soldats
» Qu'ils ont mis du foin dans leurs bottes. »

Il était d'usage, aux Troubadours, de nommer par un couplet les auteurs d'une pièce qui avait réussi. Après la première représentation de M. de Bièvre, ou l'Abus de l'esprit, Léger vint chanter le couplet suivant :

L'ouvrage que vous avez applaudi,
Citoyens, est de *Dupaty*
Aidé par ses amis ;
En voici la liste ouverte :
D'abord *Luce* avec *Salverte* (1),
Et *Coriolis*,
De plus *Créusé*,
Gassicourt, *Legouvé*,
Monvel fils, *Longpérier*....
Je crois en oublier ;
Ah ! vraiment, oui, citoyens, c'est,
C'est *Alexandre* (2) et *Chazet*.

(1) Député.
(2) Alexandre de Laborde, député.

Après *Christophe Morin*, Aubertin chanta celui que voici sur l'air *de Monsieur de Catinat :*

Citoyens, les auteurs de *Christophe Morin*,
Ont pour Bièvre déjà mis la plume à la main :
Ajoutez à leurs noms, sur les noms déjà lus,
Alexandre de moins, *Léger*, *Meautort* de plus.

Dans un à-propos appelé *la Journée de Saint-Cloud*, à l'occasion du 18 brumaire, voici le portrait que l'on faisait d'un homme qui avait changé vingt fois d'opinion depuis 89 :

Chauvétiste,
Maratiste,
Royaliste,
Anarchiste,
Hébertiste,
Dantoniste,
Babouviste ;
Brissotin,
Girondin,
Jacobin.
Sur la liste
Longue et triste
Que forma l'esprit robespierriste,
Il n'existe
Pas un *iste*
Qu'en un jour
Il n'ait pris tour à tour.

Il y aurait bien des couplets à faire sur les girouettes du 18 brumaire qui ont continué de tourner à tous vents jusqu'à la révolution de 1830.

Quand on entreprend l'histoire d'un genre de

littérature, si minime qu'il soit, on ne doit rien omettre de tout ce qui peut s'y rattacher. C'est pourquoi je vais entrer dans quelques détails sur le couplet de l'an VIII. Le vaudeville était alors ou très louangeur ou très satirique; chaque genre de couplet avait son nom distinct; on appelait *couplets de distribution* ceux du genre de celui-ci (c'est un savetier qui fait son testament). Je lègue, dit-il,

> Mon échoppe aux gens de mérite,
> Mon fil aux faiseurs de romans,
> Ma voix à plus d'un parasite ;
> Mainte oreille à nos courtisans ;
> Ma mesure à nos jeunes braques,
> Toutes mes formes aux plaideurs ;
> Aux huissiers deux paires de claques,
> Et mon alêne aux orateurs.

S'agissait-il d'une plume, on disait :

> La Fontaine sut tour à tour
> La prendre à mainte *volatile;*
> Ovide la prit à l'Amour
> Au moment où dormait Virgile.

Tout cela m'a toujours paru du galimatias double. Un médecin venait-il visiter son malade, celui-ci lui chantait : J'ai pris

> Deux grains de *l'abbé de l'Épée,*
> Ma migraine fut dissipée ;
> A mon réveil, j'usai du baume
> Qu'on trouve chez *M. Guillaume,*
> Et ma santé fut de retour
> Dès que j'eus vu les *mœurs du jour.*

Picard donnait-il *le Collatéral* ou *la Diligence à Joigny*, eh! vite, le vaudeville chantait :

> Un jour, on dit que de la France
> Le dieu du goût était parti,
> Picard s'échappe en *diligence*,
> Va le rattraper à *Joigny*.

Le *couplet* dit de *facture* a joui longtemps aussi d'une très grande vogue. Point de vaudevilles possibles sans deux ou trois *couplets de facture*. Plus ils étaient longs, meilleurs ils paraissaient. *Tivoli que partout on vante* a été chanté par toutes les couturières et tous les garçons de boutique sous le consulat ; ce couplet a presque obtenu autant de succès que *la Colonne*. Feu Servières excellait dans le couplet de facture. En général, plus le rhythme était difficile, plus les amateurs y attachaient d'importance. Beaucoup de ces couplets étaient composés sur l'air du *Pas de zéphyr*, parce que les vers n'étaient que de deux syllabes.

> Oh ! c'est
> Un parfait
> Cabinet,
> Très complet,
> Bien joli,
> Embelli
> Des tableaux
> Les plus beaux, etc.

Ou bien :

J'aimai
Fatmé,
Zulma,
M'aima,
Mais j'ai
Changé
Vingt fois
De lois...

Oh! alors, on se pâmait d'aise.... Les jolies femmes disaient : Allez aux Troubadours, vous entrendrez un couplet de Servières chanté par Bosquier-Gavaudan..... *C'est chamant....., ma paole!....* C'était le temps des *incroyables*.

Voici un couplet qui offre une difficulté vaincue; il est de Francis Delarde.

J'allais
Au palais ;
Dans ma course,
J'offrais,
Je montrais
Mes bons et mes
Billets ;
Jamais,
Je promets,
Qu'à la Bourse
On n'a fait
Effet
Plus parfait :
J'y cours,
Et du cours
Je m'informe ;
Je l'apprends,
Je prends,
Pour la forme,
L'avis d'agens
Intelligens.

L'un dit, gardez;
L'autre, vendez.
J'offre à l'écart
Vos bons, un quart,
Et mon preneur
A de l'honneur.
En un instant
J'ai du comptant.
De tout côté
 Accosté,
 Arrêté,
Vers le rentier
Plus d'un courtier
 S'empresse;
Je suis foulé,
 Harcelé
 Et volé;
Mais, par malheur,
Plus d'un voleur
 Me presse.
Le recéleur
Gagne la porte,
 Et crac!
Il emporte
 Mon sac.
Le fripon
S'échappe.
Pour qu'on
Le rattrape,
Au secours!
 Je crie,
Et je cours,
Quoiqu'on rie.
En passant
Je touche
Un passant
Farouche,
Qui soudain

Me couche
Sa main
Sur la bouche.
Je ne suis
Pas crâne,
Je fuis
La chicane.
Redoutant
Sa canne,
Dans l'instant
Je vanne.
Pendant qu'il me lasse,
Du voleur
La trace
Par malheur
S'efface,
Et mes bons
Font faux-bonds.

On ne saurait se faire idée aujourd'hui de l'effet que ces sortes de couplets produisaient...; on les citait dans les journaux..., on les colportait....; on les chantait en société. Il fut un temps où une mère disait à sa fille, quand on la priait de chanter à table : — Chante-nous un couplet des *Chevilles de maître Adam*.....; et la fille chantait très sérieusement :

« Aux soins que je prends de ma gloire
» Se joignent d'autres soins divers ;
» Je veux bien vivre dans l'histoire,
» Mais il me faut vivre à Nevers... »

Et tout le monde d'applaudir.... Hein!.... où est ce temps-là ?...

J'ai dit, en commençant cet article, qu'une

brouille survenue entre Piis et Barré avait été la cause de l'établissement du théâtre des Troubadours ; je dois donc parler de la *collaboration* à cette époque. On peut dire que la collaboration établissait alors entre deux auteurs une amitié durable. De nos jours, il n'en est pas toujours ainsi. Quand le chansonnier Gallet, qui avait failli dans son commerce d'épiceries, fut contraint de se cacher au Temple, comme c'était l'usage, beaucoup de membres du Caveau s'éloignèrent de lui ; mais son collaborateur Collé lui demeura fidèle. La preuve, c'est que je trouve dans les couplets que Gallet composa peu de jours avant sa mort :

> « Ce petit couplet de chanson
> » Est un compliment sans façon
> » A Collé, le meilleur des nôtres. »

Lorsqu'en 1793 Laujon fut dénoncé pour n'avoir point voulu faire des chansons patriotiques, Piis courut chez son collaborateur, l'avertit du danger qui le menaçait, et lui fit faire presque de force deux couplets qu'il chanta lui-même à la section de Laujon, le décadi suivant, en disant que si son ami n'était pas venu lui-même, c'est parce qu'il était malade. Barré, Radet et Desfontaines sont demeurés intimes jusqu'à leur mort ; à l'âge de 70 ans chacun, ils composaient encore des ouvrages pleins de verve et de fraîcheur. Ils se sont peu survécu.

En un mot, la *collaboration* dans ma jeunesse était douce et franche ; on pensait moins à l'argent, et davantage au plaisir ; on oubliait volontiers une lecture pour un déjeûner, une répétition pour une partie de campagne. Il y avait des réunions, des cafés dans lesquels on était toujours sûr de rencontrer quelques bons vivants. Que de pièces, de chansons, de couplets ont pris naissance au *café des Cruches!* rue Saint-Louis-Saint-Honoré. Les cruches seules y sont encore. Mais revenons au théâtre des Troubadours.

Malgré les bons acteurs et les hommes de mérite qui travaillaient pour ce théâtre, son existence fut éphémère. Après sa fermeture, Piis voulut rentrer dans la pension de 4,000 francs dont il jouissait comme fondateur du Vaudeville; mais les actionnaires la lui contestèrent, alléguant que Piis, ayant élevé un théâtre rival, avait renoncé de fait à sa pension. Piis plaida et perdit. C'est alors que, croyant avoir à se plaindre de Barré dans cette affaire, il composa des strophes pour lui reprocher son abandon. Elles eurent tant de succès, qu'en fidèle historien je crois devoir les rapporter ici.

MES DERNIERS REPROCHES A MON AMI.

Euryale a-t-il fui Nisus?
Pylade oublia-t-il Oreste?
Et Thésée, à Pirithoüs,
Réserva-t-il un sort funeste?

Que réponds-tu pour ton pardon,
Lorsqu'un ami de trente années
Te reproche ses destinées
Qu'empoisonna ton abandon?

Des étrangers au cœur de marbre
D'auprès de toi m'ont écarté,
Et dévorent le fruit de l'arbre
Que pour nous deux j'avais planté.

Cruel ami, qu'il t'en souvienne,
Que nos deux noms n'en faisaient qu'un,
Et que cent fois avec la tienne
J'ai mis ma pensée en commun.

Thémis, trompée, a pu dissoudre
Des actes garans de mes droits;
Mais Thémis n'a pu mettre en poudre
Des sermens faits à demi-voix.

Je devais, selon ta promesse,
Vivre libre dans mes penchans;
Le calme et le plaisir des champs
Auraient rafraîchi ma vieillesse.

Mais loin de là!... ma muse en deuil
Sera des cités habitante,
Et le travail, jusqu'au cercueil,
Fatiguera ma main tremblante.

Heureux de perdre alors le jour,
Puisque j'aurai l'expérience
Que l'amitié comme l'amour
A tôt ou tard son inconstance (1)!

(1) Est-ce que ces stances ne sont pas pleines de larmes et de poésie?

Piis est mort en 1834, dans un état voisin de l'indigence; c'est triste! La commission des auteurs se chargea de poser sur le lieu où il repose une pierre tumulaire.

On a vu dans les strophes qui précèdent, à travers les reproches que le chansonnier adresse à son collaborateur, tout ce qu'il y a encore de bienveillance pour l'ancien ami. Le caractère bien connu de Barré le met d'ailleurs à l'abri de tout soupçon d'ingratitude envers Piis. S'il n'eût tenu qu'au vieux directeur du vaudeville de rendre à son ami la pension dont il jouissait avant l'ouverture du théâtre des Troubadours, il l'eût fait certainement et sans récrimination aucune. Barré n'était pas un homme d'argent; une foule de traits généreux l'attesteraient au besoin; j'en prends un entre mille. Dorvigny, qui se trouvait souvent dans la gêne, portait quelquefois à Barré de vieux canevas composés dans sa jeunesse, et qui n'étaient pas jouables. Barré, devinant le motif qui guidait Dorvigny, lui disait avec sa brusquerie accoutumée : « Ta » pièce est détestable, elle est bête comme toi! » mais tiens, voici un ouvrage que tu peux ar- » ranger, travaille. » Et en disant cela il lui mettait un vieux manuscrit et cent francs dans la main, et jamais ne lui reparlait de la pièce.

Lorsque Barré mourut, M. Etienne Arago, directeur du Vaudeville, prononça sur la tombe de son prédécesseur quelques paroles touchantes qui trouvèrent des échos dans le cœur des assistants. M. E. Arago composa plus tard ce joli quatrain sur le trio vaudevilliste, Barré, Radet et Desfontaines.

> La Trinité dont on rit sur la terre,
> Grâce à vous trois, n'était plus un mystère ;
> Peines, plaisirs, tout vous était commun,
> Vous étiez trois et vous ne formiez qu'un.

Le théâtre des Troubadours, ouvert le 15 floréal an VII, fut fermé vers le milieu de l'an IX.

THÉÂTRE DU GYMNASE.

Dans tous les temps, le pouvoir a fait, selon son caprice, ouvrir ou fermer des salles de spectacle ; mais, à l'entendre, cela est dans l'intérêt de l'*art*, comme on dit, et comme on dira toujours. Pauvre art dramatique !... il n'a jamais été dans un si piètre état que depuis que l'on s'intéresse à lui de tous côtés.

A propos du Gymnase, un écrivain a fait les remarques suivantes (1) : « Ce théâtre, dit-il, » est une critique parlante du système des pri- » viléges. Pour l'autoriser, sans montrer trop

(1) *Almanach des Spectacles*, année 1822.

» ouvertement que ce n'était qu'une faveur
» qu'on accordait, et pour avoir quelque chose
» à répondre aux réclamations qu'on ne pré-
» voyait que trop, on le soumit à un régime
» particulier. Le vaudeville était déjà joué dans
» six théâtres : c'était marquer beaucoup de
» prédilection pour ce genre frivole que d'en
» créer un septième qui lui fût encore spécia-
» lement consacré.

» On éluda la difficulté, ou du moins on fit
» semblant de l'éluder. Les *lettres patentes*
» du Gymnase en firent une sorte de succursale
» du Théâtre-Français et de l'Opéra-Comique.
» Là, les jeunes gens du Conservatoire devaient
» s'exercer sans prétention, et sous les yeux
» d'un public indulgent, avant de paraître sur
» de plus grandes scènes. En conséquence, la
» comédie et l'opéra-comique devaient faire
» partie de son répertoire ; et pour prouver que
» l'on était de bonne foi dans ce dessein, le
» droit de jouer toutes les anciennes pièces de
» la scène française et du théâtre Feydeau lui
» fut accordé, à la seule condition de les ré-
» duire en un acte. Les administrateurs sou-
» tinrent la gageure en gens d'esprit ; ils firent
» même la mauvaise plaisanterie de nous don-
» ner *le Dépit amoureux* et *la Fée et Urgèle*,
» estropiés et réduits à grands coups de ci-
» seaux. » Le critique ajoute encore : « Qu'on
» laisse, à quiconque en voudra courir les ris-

» ques, le droit d'ouvrir un théâtre, que les
» genres ne soient point prescrits, que les ou-
» vrages tombés dans le *domaine public* soient
» mis à la disposition de tout le monde (car il
» ne faut pas appeler domaine public celui qui
» est livré à quelques privilégiés), alors on
» verra une véritable émulation qui ne man-
» quera pas de produire ses fruits; mais si les
» bureaux sont curieux d'avoir des sujets dans
» leur dépendance, s'il leur est doux d'accor-
» der des priviléges, qu'ils fassent donc qu'au
» moins ces priviléges ne soient pas nuisibles. »

De tout temps, il en a été ainsi en matière de spectacle. On se dit : « Obtenons d'abord un privilége ; édifions, ouvrons une salle à quelque prix que ce soit, le reste viendra plus tard. » C'est ce qui est arrivé au théâtre du Gymnase ; c'est ce qui arrivera encore à beaucoup d'autres. On ne pouvait pas raisonnablement penser que ce théâtre se soutiendrait avec le privilége exigu qu'on lui avait accordé ; ce n'était donc qu'un acheminement. Voyez-vous *le Misanthrope* en un acte, joué par Provenchère ; et *la Belle Arsène*, chantée par mademoiselle Hugo (à qui Dieu fasse paix ! car je crois qu'elle est morte) ?

Le Gymnase, bâti sur le boulevart Bonne-Nouvelle, au coin de la rue Hauteville, fut ouvert au public le 23 décembre 1820. M. Delaroserie était directeur privilégié ; MM. Poirson et Cerfbeer, administrateurs; Dormeuil et Lachabeaussière, régisseurs.

Un prologue, *le Boulevart Bonne-Nouvelle*, composé par MM. Scribe, Mélesville et Moreau, trio spirituel, y fut représenté avec succès; mais la troupe, formée à la hâte, manquait d'ensemble. Il n'y avait d'acteurs à réputation, lors de son ouverture, que Perlet et Bernard-Léon. Ce fut plus tard que le Gymnase devint redoutable par les succès mérités de M. Scribe et par le nombre des artistes qui servirent d'interprètes à ses nombreux ouvrages. Si ce théâtre avait été forcé de se renfermer strictement dans les limites de son privilége, sa fortune eût failli; mais on avait placé à la tête de l'entreprise un diplomate adroit qui ne brusqua rien et laissa faire au temps.

De 1821 à 1824, de charmants ouvrages avaient déjà donné une idée de ce que pourrait devenir cette entreprise si l'autorité voulait bien tolérer ses empiètements.

En attendant, une petite fille, Léontine Fay, quitta la province, qu'elle enchantait par son talent précoce; elle arriva, pliant sous les bonbons et les couronnes; elle étonna la capitale, cette charmante enfant, et marqua sa place à côté des plus vieux comédiens.

Déjà, plusieurs fois, on avait essayé d'entraver le répertoire du Gymnase; les craintes pouvaient devenir sérieuses. Madame la duchesse de Berri ayant assisté à quelques représentations de la charmante Léontine Fay, M. Poirson conçut une grande idée; il se dit un jour en lui-même : On a vu des rois épouser des bergères, pourquoi ne verrait-on pas une princesse épouser un théâtre? Il se mit donc à l'œuvre et poussa d'abord la galanterie jusqu'à dédoubler une partie de sa troupe pour l'envoyer à Dieppe. La jeune duchesse, amie des plaisirs et des artistes, se montra sensible à cette marque d'attention, et se déclara la protectrice du Gymnase, qui prit, le 8 septembre 1824, le titre de *Théâtre de S. A. R. madame la duchesse de Berri*. On pense bien qu'une fois couvert de ce haut patronage, le directeur ne craignit plus d'entraves ; peu s'en fallut même que le ministre et les censeurs ne lui fissent des excuses pour avoir osé lui rappeler quelquefois les conditions de son privilége. Le Gymnase, qui d'abord avait collé son affiche entre celles du Vaudeville et des Variétés, prit rang dès lors immédiatement après les grands théâtres, et plaça son pennon sur les murs de Paris, à la suite de l'Odéon. Le Vaudeville ne s'était pas encore fait appeler Théâtre-National. Quant au *Pauvre Jocrisse*, lui, il se donna bien garde de réclamer, il était payé pour se taire, car, à cette époque, on osait encore lui reprocher dans quelques journaux ses bêtises, ses calembourgs et ses immoralités; toujours, comme vous savez, relativement à l'art *dramatique*, ou, comme disait si bouffonnement Potier dans le *Bourguemestre de Saardam* : « Toujours relativement à l'Angleterre. »

Voici donc un spectacle qui n'avait été ouvert que sous la condition qu'il ne jouerait que des scènes de *Pourceaugnac* ou du *Médecin malgré lui*, qu'il ne chanterait que des airs de *la Fausse magie* ou des *Deux Chasseurs*, le voilà en pleine possession de la comédie chantée ; voilà le vaudeville qui prend droit de bourgeoisie sur le boulevart Bonne-Nouvelle. M. Scribe va tailler sa plume, ce fécond écrivain va attirer tout Paris chez M. Poirson, tant et si bien que les spectateurs ne voudront plus que du Scribe, comme en 1600 les libraires ne demandaient que du Saint-Evremont. La haute aristocratie du faubourg Saint-Germain va suivre la nouvelle patronne du Gymnase dans sa petite salle incommode, car partout où l'on voit visage de prince, on doit voir figures de courtisans.

M. Scribe a bien compris son temps; il a parfaitement senti qu'il se trouvait placé entre deux aristocraties, la vieille et la nouvelle; il a compris surtout que nous n'étions plus dans l'âge *d'or*, mais bien dans l'âge de *l'or*; il a voulu avoir pour lui tout ce qui possédait, mais il ne fallait heurter personne ; il a dû se dire : Si je flatte les idées du temps passé aux dépens de celles du temps actuel, je n'aurai qu'un public ; en les confondant, j'en aurai deux. Et alors, il a refait la société moderne avec tous les éléments de l'ancienne; seulement, il a changé les costumes, remplacé les commandeurs, les abbés, les financiers, par les avoués, les agents de change et les notaires. Les comtesses, les baronnes ont subi les mêmes métamorphoses. M. Scribe savait bien que les comtes de l'empire, les barons de l'empire, les comtesses de l'empire, les baronnes de l'empire n'étaient pas plus humbles que leurs devanciers : or, en flattant toutes les noblesses, il avait pour lui l'ancien et le nouveau régime. Il a, dans ses ouvrages, tout sacrifié à l'argent, l'idole du siècle. Que si une pauvre fille se prend de passion pour un homme au dessus de sa condition, M. Scribe lui dira : « Toi, tu es fille du peuple, tu ne peux prétendre au fils d'un baron, même d'un baron de l'empire ; mais si tu consens à n'avoir pas de cœur, on te donnera pour mari un invalide, manchot ou boiteux, bien laid, bien vieux, toutefois avec beaucoup d'argent. » Cela est affligeant. N'allez pourtant pas croire que M. Scribe fera tenir ce langage à quelque vieux gentilhomme de province : non; en homme d'esprit, il fera dire tout cela par un baron ou un comte de l'empire qui a conquis tous ses grades à la pointe de son épée, mais qui n'en est pas moins très fier de son écusson. Alors la vieille aristocratie lui saura gré de l'allégorie, et battra des mains. Les plus jolis ouvrages de M. Scribe sont tous parsemés d'or et d'argent; ils me rappellent ces charmants vers d'Hoffmann, non le conteur allemand, mais le poète français :

> J'aime l'esprit, j'aime les qualités,
> Les grands talents, les vertus, la science,
> Et les plaisirs, enfants de l'abondance.
> J'aime l'honneur, j'aime les dignités ;
> J'aime un ami presqu'autant que moi-même,
> J'aime une amante un siècle et par delà ;
> Mais, dites-moi, combien faut-il que j'aime
> Ce maudit or qui donne tout cela ?

Encore une fois, ce n'est pas la faute de M. Scribe, c'est celle de l'époque.

En rendant toute la justice possible aux talents du récent académicien, il faut être juste aussi envers les acteurs qu'il avait à sa disposition. Perlet, quoique d'un comique un peu froid, n'en avait pas moins le privilége d'amuser beaucoup par l'extrême finesse de son jeu. Il y a chez cet acteur distingué une fleur de bonne et vieille comédie.

Perlet rappelle la comédie française dans sa diction, dans ses gestes, dans ses costumes ; Perlet offre souvent un composé de la mignardise de Dazincourt et de la bonne charge de Dugazon. Il excelle surtout dans la caricature. *Le Comédien d'Étampes*, *le Gastronome sans argent*, *le Secrétaire et le Cuisinier* ont longtemps attiré la foule au Gymnase.

Et Gontier ! Gontier ! le meilleur type des

vieux soldats! Personne ne pouvait lui être comparé dans *Michel et Christine ;* c'était la perfection. Gontier savait varier tous ses rôles; son talent était tout à fait spécial (1). Bernard-Léon, lui, était l'homme de l'entrain, de la désinvolture ; c'est un bon gros garçon tout rond, tout jovial, qui est sur la scène comme chez lui; sa diction est vive, saccadée ; sa voix, tantôt grêle, tantôt forte, le sert merveilleusement. Dans *le Coiffeur et le Perruquier*, dans la *Mansarde des Artistes*, il s'est montré d'un bouffon achevé. Feu Vatel, qui se perça d'une épée parce que la marée n'arrivait pas, devait beaucoup ressembler (quant au physique) à Bernard-Léon. Ferville, bon comédien, au débit vif, brillant, chaleureux, Ferville a rajeuni et détrôné les oncles d'Amérique; il les a joués en frac, en redingote à la propriétaire. Il ne dit plus, comme ces vieux oncles de la vieille comédie, en frappant de sa canne ou en tirant de sa poche sa belle tabatière d'or : Avez-vous vu mon coquin de neveu?... je cherche partout mon coquin de neveu!... Jadis on jouait les oncles en Cassandre, Ferville les joue en homme d'esprit. Ces pauvres vieux oncles, les voilà donc sortis de l'ornière!... les voilà donc aussi sur la route des chemins de fer et de la vapeur!.... Je dois mentionner un jeune acteur qui avait

---

(1) Voir l'article ***Vaudeville***.

commencé aux Variétés. Legrand, qui vient de mourir, jouait à merveille les importants, les suffisants; il paraissait surtout destiné à l'emploi des substituts ridicules; il était d'un naturel excellent : il avait sans doute été prendre ses modèles au Palais de Justice, car il était impossible de ne pas pouffer de rire en l'entendant : on croyait assister au débit de quelque réquisitoire moderne.

Puis Paul, Dormeuil, Numa, Allan, Klein, tous acteurs recommandables.

Mais parlons des actrices. C'est d'abord Virginie Déjazet, l'actrice la plus *oseuse* que je connaisse, ne reculant devant rien, ne s'effrayant de rien, débitant des grivoisetés avec un tact parfait; Virginie riant avec le public comme avec un ami, ayant l'air de lui dire : « Je vais vous lancer un mot bien leste, mais n'ayez pas peur, c'est moi, je suis bon garçon. » Virginie a tout compris au théâtre : la malice, le naturel, la grace, le grivois, et si elle ne nous fait pas pleurer, c'est qu'elle ne le veut pas, ou qu'elle le veut bien.

Et la charmante Jenny-Vertpré! Avez-vous vu rien de plus gentil, de plus mignard, de plus intelligent? Élevée au Vaudeville, ayant un nom qui fut célèbre à la rue de Chartres, Jenny-Vertpré a prouvé qu'elle était digne d'en hériter. Elle porte la cornette et le cotillon rouge avec une grace infinie; j'ai entendu souvent dire à mes côtés : « C'est comme madame Dugazon ! c'est comme madame Saint-Aubin ! » Son organe est sonore, sa diction est pure, son geste simple et vrai ; elle prosodie le couplet à merveille. Dans *la Chercheuse d'esprit*, *la Marraine*, *les Premières amours*, *le Mariage de raison*, *la Reine de seize ans*, elle a réuni toutes les qualités d'une grande comédienne.

Et puis, une autre Jenny, Jenny Colon, jeune et belle femme à l'œil vif, brillant, aux formes prononcées, à la figure épanouie, à la voix de rossignol ; oiseau de passage, actrice nomade, voyageant de Feydeau au Vaudeville, du Vaudeville au Gymnase, du Gymnase aux Variétés, des Variétés à Feydeau, mais toujours bien reçue, bien fêtée partout. Enfin, la troupe offrait des talents d'un autre ordre : mesdames Théodore, Jullienne, Grévedon, Dormeuil, Nadèje, l'orpheline de Wilna, et mademoiselle Bérenger, appelée *Bérenger la jolie* (1).

Avec de tels interprètes, le théâtre de Madame voyait incessamment grandir sa fortune, lorsqu'un ouvrage, représenté le 28 juin 1828, faillit compromettre ses destinées et brouiller le directeur avec sa protectrice. *Avant*, *Pen-*

(1) Actuellement à la Comédie-Française.

dant et Après, pièce en trois actes, de MM. de Rougemont et Scribe, venait d'obtenir un de ces succès comme on n'en compte que de loin à loin au théâtre. Cette pièce, divisée en trois époques, offrait, dans la première, la famille noble de Surgy, heureuse et puissante, un marquis cherchant à séduire une jeune fille du peuple, que protège le chevalier, frère du marquis. La seconde se passait en 93 ; les deux frères étaient proscrits et sauvés par un perruquier qui avait épousé l'orpheline que le marquis avait voulu séduire en 1787. La troisième époque se passait en 1827 ; le chevalier, général et industriel, avait épousé la veuve du perruquier mort colonel, et marié sa fille à un tribun de la révolution, devenu baron et jésuite, et qui avait toujours à la bouche ces mots de Louis XVIII: « Union et oubli. » Le premier acte formait donc un drame, le second un mélodrame, et le troisième un vaudeville. Cet ouvrage, satire sanglante des mœurs et des abus de l'ancien régime, obtint un succès de fureur; jamais la salle n'avait retenti d'applaudissements pareils. MM. de Rougemont et Scribe avaient fait assaut d'esprit : chaque mot portait coup, chaque couplet faisait feu. Ces messieurs avaient, pour ainsi dire, renversé la salière sur la table. Presque tous les couplets eurent les honneurs du *bis*. Celui-ci, chanté par le général manufacturier, produisait toujours le plus grand effet :

Les honneurs plaisent à mon âge,
Et je serais fier, j'en conviens,
D'obtenir le libre suffrage
De mes nobles concitoyens;
Mais le payer est un outrage,
C'est cesser d'être homme de bien :
Qui peut acheter un suffrage
N'est pas loin de vendre le sien.

Ne pensez-vous pas que ce couplet, qui était de circonstance en 1828, pourrait bien ne pas avoir beaucoup perdu de son à-propos?

Dans une scène où le vieux vicomte de la Morlière, apprenant qu'un petit jeune homme nommé Raymond, qui jadis avait été soldat dans son régiment, s'est allié à la famille des Surgy, ne peut s'empêcher d'en témoigner sa mauvaise humeur; le général lui chante en riant :

Mais ce Raymond, dont votre esprit se raille,
Et qui partit son paquet sur le dos,
Lui qui jadis, au quai de la Ferraille,
Fut, grâce à vous, rangé sous nos drapeaux,
Et, malgré lui, forcé d'être un héros,
Eut bientôt pris sa gloire en patience;
Et de soldat, mon beau-frère Raymond
S'est trouvé duc et maréchal de France...

LE VICOMTE.

Et de quel droit?

LE CHEVALIER.

Par le droit du canon.

(Ici l'explosion devenait électrique.)

Or, tandis que le caissier se frottait les mains en comptant les recettes, l'orage grondait ailleurs. Des émissaires envoyés à la duchesse de Berri lui annoncent que son théâtre vient de lancer un brandon révolutionnaire, un vaudeville subversif où la noblesse est attaquée de front. La duchesse ne cache pas son mécontentement, elle annonce l'intention de bouder son théâtre favori. Les craintes devenant sérieuses, on envoie des ambassadeurs, on échange des notes diplomatiques; les courriers se croisent. La duchesse demeura quelque temps sans visiter la salle de M. Poirson; les personnes de sa maison n'osaient plus s'y montrer. Enfin, à force de négociations, la paix fut signée, et la patronne du lieu pardonna, à condition que pareille chose n'arriverait plus. A partir de cette époque, le théâtre jouit d'une prospérité incessante; mais l'heure de la révolution de juillet allait sonner, et la protectrice du Gymnase devait disparaître dans cet orage. Il fallut effacer ces mots: *Théâtre de S. A. R. Madame*, et reprendre l'humble nom de *Théâtre du Gymnase.*

Le directeur, homme habile, sentit alors le danger qui le menaçait, et avisa aux moyens de le détourner. M. Scribe, qui lui avait donné pendant dix ans la fine fleur de son esprit, rêvait de plus grands succès: l'Académie française tentait son ambition, il savait qu'il faut passer par la rue Richelieu pour arriver à l'Institut;

il travailla donc un peu moins pour le Gymnase. Heureusement, quelques hommes de talent, et notamment MM. Mélesville et Bayard (1), restèrent à leur poste ; ces messieurs ajoutèrent aux derniers succès du grand faiseur des succès non moins brillants : *Michel Perrin*, *la Fille de l'Avare* et *le Gamin de Paris*, valurent chacun cent mille écus à la caisse du théâtre redevenu populaire. Il fallait certes la révolution de juillet, ses pavés et ses barricades, pour voir sur l'affiche d'un théâtre aussi aristocrate que celui du Gymnase ce titre imprimé en gros caractères : *le Gamin de Paris !*... Oui, *le Gamin de Paris*, sous les traits de Bouffé, le comédien le plus fin, le plus nuancé, le plus parfait, le plus amusant, le plus comédien de tous les comédiens, l'homme qui joue un rôle comme Molière l'aurait écrit, l'acteur de la raison, l'acteur de la folie, l'acteur des larmes ; Bouffé, en veste, portant casquette et col débraillé, jouant à la toupie sur la scène du Marivaux moderne, criant, chantant, sautant, se débattant, tirant la langue aux passants, disant à une vieille comtesse : « Je suis le gamin de Paris, ohé ! (Les temps sont changés au Gymnase.)

---

(1) A ces noms, il est juste d'ajouter ceux de MM. Saintine, Théaulon, F. de Courcy, Carmouche, Paul Duport, Dumanoir, les frères Cognard, à qui nous devons *Pauvre Jacques*, et d'Emile Vanderburch, collaborateur de M. Bayard dans la jolie pièce *le Gamin de Paris*.

Votre neveu a déshonoré ma sœur, il l'épousera; vous serez, malgré vous, de la famille du gamin de Paris ; le gamin de Paris le veut, vive le gamin de Paris! » C'est le gamin de Paris qui, sous le bon plaisir de Bouffé, a contribué à la révolution du Gymnase en 1835, comme le vrai gamin a pu revendiquer sa petite part dans le grand drame insurrectionnel de 1830.

THÉATRE DU PALAIS-ROYAL,

DE 1807 A 1837.

Il était écrit que la salle des Beaujolais, refaite en 1790 par la célèbre Montansier, devait être témoin de beaucoup d'évènements politiques et littéraires.

Après avoir été, comme je l'ai dit dans ma Chronique des Variétés, l'un des spectacles de Paris les plus suivis du temps où régnait Brunet, après avoir vu défiler dans son foyer la révolution de 1789, les réactions de 1793 et les premiers temps de l'empire, la scène où s'illustra Jocrisse devait encore, après son départ, en 1807, subir beaucoup de vicissitudes.

La Comédie-Française ayant réussi à se défaire de son voisin Brunet, et n'apportant plus d'obstacles à ce que la salle Montansier servît à différents genres d'exploitations, un fameux danseur de corde nommé *Forioso* ouvrit la marche ; c'était un sauteur comme on en voit peu, ou, pour mieux dire, comme on en voit beaucoup depuis trente ans, à cette différence près, que ceux-ci, au lieu de sauter pour nos plaisirs, ont sauté pour des portefeuilles, des préfectures et des recettes générales.

Pendant que Forioso étonnait la capitale par des tours de force et d'agilité, deux concurrents, les frères Ravel, viennent lui porter un défi.

Forioso accepte, des paris sont engagés, et c'est dans la salle Montansier que la lutte a lieu le jour annoncé ; mais le dirai-je ? Forioso l'Italien est vaincu ! Forioso demande une revanche, Forioso succombe une seconde fois, peu s'en fallut qu'un duel n'eût lieu...

Tant de fiel entre-t-il dans l'ame des *danseurs!*

Mais les choses n'en vont pas là...... Enfin Forioso annonce que, pour se réhabiliter, il ira publiquement, le jour de la Saint-Napoléon, depuis le pont de la Concorde jusqu'au Pont-Royal, sur une corde tendue, à cet effet, par des *moyens ingénieux*, disait l'affiche.

Des circonstances imprévues empêchèrent Forioso de réaliser ce projet, qui mit alors tout Paris en émoi.

Mademoiselle Montansier, âgée de 78 ans, épousa, dit-on, secrètement, le danseur Forioso, et, chose extraordinaire! éprouva pour lui une passion violente.

Lorsque Forioso et les deux frères Ravel eurent quitté Paris, mademoiselle Montansier obtint la permission de louer sa salle pour des marionnettes. Un spectacle s'ouvrit sous le nom de *Jeux forains*. Le privilége accordait au directeur le droit de jouer de petites pièces en vaudevilles, mais seulement avec des *puppi* et des *fantoccini*; il pouvait aussi donner des pantomimes à spectacle, mais seulement avec deux acteurs parlants. Martainville inaugura le théâtre de ses anciens succès par un prologue intitulé *la Résurrection de Brioché*, personnage parfaitement conforme, comme on voit, à l'esprit du nouveau privilége.

Mais ne voilà-t-il pas que des acteurs véritables attaquent les pauvres *puppi*, et que l'on chante à la Gaîté, dans un vaudeville, *l'Horoscope des Cendrillons* (1):

    Les jeux forains, je le vois,
    S'ouvrent sous d'heureux auspices.
    Tous les acteurs sont de bois,
    On n'y craint pas leurs malices;
    Et s'il prend quelques caprices
    Aux directeurs mécontents,
    Engag'ments, acteurs, actrices,
    Tout ça s'casse (*ter*) en même temps.

(1) De MM. Dubois et Brazier.

Polichinel se fâche tout rouge... et le signor Polichinel est malin..... il réplique aux acteurs de la Gaîté, mais l'affaire est bientôt arrangée, et tant de tués que de blessés il n'y eut personne de mort.

Les grandes marionnettes de l'empire firent tort à celles du Palais-Royal, et ce spectacle ferma encore une fois.

Aux *puppi* succédèrent des acteurs à quatre pattes, c'est à dire des chiens. Ces animaux jouaient leurs rôles avec une intelligence encore assez rare chez les bipèdes. La troupe était complète : jeune-premier, comique, tyran, père-noble, frontin, soubrette, amoureuse, corps de ballet, etc. On arrangea pour ces artistes à quatre pattes une espèce de mélodrame qui n'était guère plus mauvais que beaucoup d'autres que j'ai vus depuis.

Une jeune princesse russe était retenue captive dans un château-fort sous la garde d'un tyran; son amant voulait la délivrer, ce qui nécessitait l'attaque du château.

Il n'y avait rien de drôle comme de voir l'intelligence de ces bons chiens. On apercevait d'abord la princesse russe qui se promenait sur la tour comme madame Marlborough ; c'était une jolie chienne épagneule à longues soies. Paraissait ensuite le prince son amant au pied de la tour, qui rôdait langoureusement; c'était un beau chien caniche, emblême vivant de la fidélité. Il allait et venait *aboyant* son amour. Le tyran était un boule-dogue qui avait le nez écrasé, vraie figure de Kalmouk. Alors, à un signal donné, l'armée du malheureux amant venait se ranger sur le théâtre. C'étaient des barbets, des caniches, des lévriers, des bassets; celui qui était censé donner du *cor* avait la queue en trompette.

Les soldats du camp ennemi étaient des danois, des chiens anglais, des griffons, des carlins, des roquets; on voyait de temps en temps passer des éclaireurs, de petits chiens qui tenaient à la gueule un bâton ayant une lanterne à chaque bout. Au moment où les troupes se mettaient en mouvement, les assaillants escaladaient les murailles, les assiégés les repoussaient, la mêlée devenait générale, mais bientôt les troupes de l'amant malheureux montaient à l'assaut, le fort était emporté, la princesse délivrée, et le tyran emmené prisonnier, *avec tous les honneurs dus à son rang*.

Beaucoup de particuliers conduisaient leurs chiens à ce théâtre, comme maintenant à la barrière du Combat, pour servir de comparses et de figurants. On ne saurait imaginer combien ce spectacle était drôle; on entendait de toutes parts, des baignoires au paradis : « Tiens, voilà Médor!... tiens, voilà Turc!... Ah! c'est Azor qui commande la patrouille! » Un soir, un caniche était de faction au pied de la tour; lorsque son maître entra à l'orchestre, le pauvre chien le reconnut, quitta son poste et déserta dans la salle avec armes et bagages... peu s'en fallut qu'il n'entraînât une désertion générale.

Le spectacle terminé, on donnait un os à ronger au général en chef, une pâtée à l'amoureuse, et des boulettes à tous les artistes.

Ce spectacle amusa tout Paris pendant quelque temps, mais bientôt la troupe canine fut aux abois. Du reste, ces chiens ont eu l'honneur d'être chansonnés par les notabilités du flonflon. Désaugiers disait, avec sa franche gaîté que, pour attirer le monde, il aurait fallu que le directeur du théâtre des chiens mît, comme faisait Nicolet, un *aboyeur* à la porte de son spectacle. Antignac, en passant en revue les noms de tous les chiens célèbres, disait :

> Du nom d'César on nomme
> Un mâtin quand y s'bat bien;
> Ce qui prouv' que ce grand homme
> Devait être un fameux chien.

Après le départ des chiens savants, qui s'en allèrent donner des représentations à l'étranger; la salle Montansier fut métamorphosée en café, les banquettes du parterre furent enlevées et remplacées par des tables et des tabourets, la scène fermée par un rideau à demeure, et défense fut faite d'y jouer aucune pièce. Peu à peu, cependant, l'autorité fit des concessions;

elle permit d'abord de lever la toile et de chanter des ariettes de quart d'heure en quart d'heure, puis elle toléra quelques scènes détachées, et enfin elle accorda de petits vaudevilles à deux et trois acteurs. Tel était l'état des choses quand vint la première restauration. Le café Montansier obtint bientôt une célébrité orageuse, pendant les cent jours et après ; les têtes folles des partis d'alors le prirent plus d'une fois pour leur champ de bataille. « Enfin, dit l'auteur de l'article des Cent et un (1), il fut fermé à la suite d'une équipée fort ridicule, où quelques jeunes gens, animés par la fumée du punch, allèrent venger sur des glaces inoffensives du foyer les sottises qu'on avait vociférées trois mois dans la salle. »

L'établissement fut rouvert quelque temps après par un nommé Valin, qui continua tranquillement d'y faire représenter de petites pièces à couplets, mais à deux personnages seulement. C'était une chose assez originale que ce spectacle qui durait depuis six heures jusqu'à minuit sans désemparer. Les acteurs jouaient trois ou quatre fois les mêmes scènes dans la même soirée devant un public toujours nombreux.

On y retrouvait quelquefois de vieux comédiens qui avaient joui en province de quelque

---

(1) M. Merle.

réputation, mais que le besoin forçait de jouer au café Montansier... cela était triste!

L'année 1830 devait faire subir à cette salle des Beaujolais une dernière transformation.

MM. Dormeuil et Charles Poirson (1) sollicitèrent et obtinrent la permission de rendre à cet établissement sa première destination. Un privilége leur fut accordé sous le ministère de M. de Montalivet; cent vingt actions de trois mille francs chacune formèrent le capital; elles ont rapporté déjà d'énormes bénéfices.

La salle fut reconstruite entièrement sur les plans de l'architecte Guerchy; une troupe fut formée à l'impromptu. M. Coupart, homme de lettres et vaudevilliste lui-même, M. Coupart, qui a rempli fort longtemps la place de chef de bureau des théâtres au ministère de l'intérieur, et dans laquelle il rendit souvent des services à ses confrères, fut choisi par M. Dormeuil comme régisseur général. La nouvelle administration ne pouvait faire un choix qui fût plus agréable aux auteurs.

Le 6 juin 1831, la salle s'ouvrit par un prologue intitulé *Ils n'ouvriront pas*, de MM. Mélesville, Bayard et Brazier.

L'ombre de la Montansier dut tressaillir de joie, car dans cette salle bâtie par elle, exploitée par elle, la Montansier avait reçu presque

(1) Frère de M. Poirson, directeur du Gymnase.

tous les personnages historiques de la révolution.

Ce fut peut-être dans sa loge, entre deux calembourgs de Brunet, que fut conçue la révolution du 18 brumaire.

La nouvelle troupe était composée de Lepeintre aîné, Philippe, Paul, Derval, mesdames Dormeuil, Zélie Paul, Toby, Éléonore, etc., etc. Puis sont venus, à la file, Alcide-Tousez, l'Odry II, acteur indéchiffrable, logogriphe vivant qu'il ne faut pas chercher à expliquer, mais qui ferait rire un quaker; Achard, chanteur et comédien agréable; Levassor, qui se fait remarquer par un jeu correct et plaisant, et qui joue les imbéciles en petit-maître; Leménil, comédien doué de beaucoup de naturel et de comique; Sainville, qui fait des progrès sensibles, et montre de la rondeur et du naturel; Boutin, Germain et l'Héritier, complètent l'ensemble. Plusieurs actrices piquantes s'y font remarquer agréablement : mesdames Leménil, qui a rapporté au Palais-Royal la gentillesse qu'elle montrait à la Gaîté; Pernon, actrice douée d'une grande intelligence; Dupuis, pleine de gentillesse, mais un peu maniérée; Emma ayant une jolie figure : tout cela bien placé, bien encadré, fait du théâtre du Palais-Royal un de ceux où l'on trouve le plus d'ensemble; aussi jouit-il, depuis sept ans, d'une vogue soutenue. Une grande activité règne au théâtre du Palais-Royal, ce qui assure sa prospérité : on y répète depuis dix heures du matin jusqu'à trois, on y joue depuis six heures du soir jusqu'à onze. Il faut bien qu'un pareil zèle fructifie : aussi les actionnaires se frottent-ils les mains quand ils entrent dans la salle, qui est toujours pleine.

Continuez votre œuvre, M. Dormeuil, continuez de nous faire rire ; ce n'est pas chose facile par le temps qui court.

On va peut-être croire que j'ai oublié Virginie Déjazet ? point, mais je vous avoue qu'ayant épuisé pour elle toutes les phrases laudatives, je me vois presque forcé de dire à cette charmante comédienne ce que Boileau disait au roi Louis XIV :

Grand roi, cesse de vaincre, ou je cesse d'écrire (1) !

(1) Parmi le grand nombre d'ouvrages qui ont obtenu beaucoup de succès à ce théâtre, citons *la Ferme de Bondy*, *Frétillon*, *le Philtre champenois*, *la Fille de Dominique*, *Vert-Vert*, *les Baigneuses*, *la Fille du Cocher*, *les Chansons de Béranger*, celles *de Désaugiers*, *la Cheminée de 1748*, *Sophie Arnoult*, *la Danseuse de Venise*, *le Conseil de Révision*, *le Triolet bleu*, *Madame Favart*, etc., etc.

THÉATRE DES NOUVEAUTÉS,

PLACE DE LA BOURSE.

Or, il existait sous l'empire, et bien long-temps auparavant, un étroit passage situé au coin de la rue des Filles-Saint-Thomas et qui était appelé passage Feydeau, parce qu'il aboutissait de cette même rue des Filles-Saint-Thomas à celle qui portait le nom Feydeau. Dans cette rue avait été bâti, en 1790, le théâtre de Monsieur. Il était destiné à une troupe venue d'Italie, sous la protection de Monsieur, frère du roi Louis XVI, qui fut depuis Louis XVIII. La troupe italienne joua d'abord dans la salle du château des Tuileries, ensuite dans la nouvelle salle; enfin elle disparut, et les comédiens italiens-français la remplacèrent.

Ce passage était triste, noir, enfumé, jamais un rayon de soleil n'y pénétrait; les marchands étaient obligés d'allumer leurs quinquets à midi en hiver, et à cinq heures du soir en été. Deux établissements publics y ont joui d'une certaine célébrité, le café Chéron, et un restaurant appelé le restaurant de la Mère Camus. Le café

Chéron était tenu par une grosse dame, qui avait été dans sa jeunesse d'une beauté remarquable ; elle en conservait encore d'assez beaux restes sous la restauration. C'était une brune piquante, à l'œil noir et bien fendu, aux sourcils marqués, aux formes prononcées, remplie de gaîté, d'esprit, d'obligeance, comprenant parfaitement l'homme de lettres, ayant toujours le mot pour rire, ne s'effarouchant point d'une gaudriole : elle rappelait la chanson de Béranger, *Madame Grégoire* ; on aurait dit que le poète l'avait eue devant les yeux quand il écrivait ce couplet :

> Je crois voir encor
> Son gros rire aller jusqu'aux larmes.

Le café Chéron était à l'Opéra-Comique ce que le café Procope avait été autrefois à la vieille Comédie-Française, si ce n'est que les noms étaient changés. C'était là que se réunissait un grand nombre d'hommes de lettres : Moreau, Gosse, Evariste Dumoulin, et le chantre de *Joconde*, Nicolo Isoard. Un savant très regrettable, Cadet-Gassicourt, homme gai, spirituel, chez qui la science n'ôtait rien à l'amabilité, était aussi l'un des fervens du café Chéron.

Quand le colosse impérial tomba du haut de sa gloire, en 1815, les hommes de lettres se partagèrent en deux camps, savoir, les royalistes et les bonapartistes. Eh bien, malgré la différence des opinions, quand on s'était bien chamaillé, bien disputé au café Chéron, l'heure où l'on devait jouer la pièce nouvelle venant à sonner, on riait et l'on ne se quittait pas sans s'être pressé la main.

Le restaurant de la Mère Camus était le rendez-vous des jeunes commis-marchands, des bons boutiquiers; les employés surtout y affluaient; j'en ai connu plusieurs, pour ma part, qui, pendant dix ans, n'ont jamais manqué d'y venir chaque jour et à la même heure, et de se mettre à la même table; leur place y était marquée, nul n'aurait osé déranger leur couvert; je crois même que, s'il est arrivé une fois que l'un d'eux ait manqué de venir dîner, sa place a dû demeurer vide...; et l'on remarquait l'absent, comme la statue de Brutus, précisément quand il n'y était point. Beaucoup de littérateurs et de journalistes, pour se reposer de temps en temps de la cuisine succulente de Baleine ou de Véry, venaient y dîner modestement. La carte y était abondante, variée, l'hôtesse prévenante, gracieuse, le maître franc et rond, chaud partisan du vaudeville et des vaudevillistes, abonné à l'*Epicurien francais*, invité aux *Soupers de Momus*, sachant par cœur les chansons d'Armand Gouffé et de Casimir Ménestrier, ayant soin de faire sonner bien haut les noms qu'il affectionnait ou ceux qui flattaient le plus son amour-propre, criant

avec une sorte d'orgueil, au milieu des salons :
« Potage pour M. Désaugiers !... mouton pour
M. Antignac !... anguille pour M. Barré !...
compote pour M. de Piis ! »

A l'exception de ces deux spécialités, le passage Feydeau avait la même physionomie que beaucoup d'autres, deux boutiques de libraires, Marchand et Dentu, des marchands d'estampes, un débit de tabac, un mercier, des modistes, un magasin de briquets phosphoriques, une bouquetière, madame Bernard, un marchand de marrons de Lyon, enfin un estaminet au premier qui occupait presque toute la longueur du passage.

C'est encore à une querelle entre deux directeurs que nous devons l'existence du théâtre de la Bourse. J'ai dit, dans ma Chronique du *Vaudeville*, que Désaugiers étant rentré directeur à la rue de Chartres par une volonté royale, le ministre de l'intérieur, M. Corbière, pour dédommager M. Bérard signa, en sa faveur, le privilége d'un nouveau spectacle, avec l'autorisation de bâtir là où il voudrait.

M. Langlois, riche capitaliste, qui possédait une partie des bâtiments du passage Feydeau, entra dans la spéculation. Une société en commandite se constitua, des actions furent créées, et au bout d'un an, là où avait existé, pendant un demi-siècle, un des plus vilains passages de Paris, on vit s'élever une jolie salle de spectacle, flanquée, à droite et à gauche, de fort belles maisons avec des boutiques élégantes... La salle et ses dépendances ont coûté trois millions quatre cent soixante-sept mille francs... Le tout a été revendu, en 1833, onze cent mille francs.

Ce fut M. Langlois qui donna les terrains et fit les premiers fonds... Le théâtre prit le nom de *théâtre des Nouveautés*, titre qui fit rire, attendu que, dans les premiers temps, on y rejoua beaucoup d'anciens ouvrages. L'ouverture de la nouvelle salle eut lieu, le 1er mars 1827, par *Quinze et vingt ans*, ou *les Femmes*, vaudeville en deux actes, et *le Coureur de veuves*, pièce en trois actes imitée de l'espagnol. La troupe de M. Bérard, formée à la hâte, laissa beaucoup à désirer sous le rapport de l'ensemble, bien que l'on y comptât quelques artistes estimables, Joly, Cossard, Derval, Armand, Rogy, Préval, Albert, Casaneuve, et Jausserand, qui avait eu jadis de la réputation comme chanteur à l'Opéra-Comique. Les actrices, mesdames Génot, Clorinde, Beaupré, Florval (1), Anaïs, Miller, Adèle, Prévost, une fort jolie personne du nom de Balthazar, enfin une dame Fradelle, qui s'était fait distinguer en province, et dont la place devrait être à Paris. Une actrice venue des départements, ma-

(1) Elle vient de mourir.

dame Albert, que l'on avait vue précédemment à l'Odéon, montra dès lors un talent qui depuis n'a pas cessé de s'accroître.

En 1826, on sait que les terrains étaient encore d'un prix exorbitant; on fut donc obligé de faire de grands sacrifices pour renvoyer des locataires dont les baux ne devaient finir qu'à des époques plus ou moins reculées; la résiliation des baux coûta 300,000 francs, un seul locataire, M. le baron Trouvé, toucha, pour se déplacer, 175,000 francs (1). On fut six mois à bâtir la salle. M. Bérard, malgré son intelligence et son activité soutenue, rencontrant de grands obstacles, ne tarda pas à se fatiguer d'une entreprise qui lui avait coûté tant de peines à fonder, et, au bout d'un an, il se retira avec une pension annuelle qu'il devait toucher jusqu'en 1840, terme fixé pour l'expiration de son privilège.

Alors M. Langlois, celui qui avait mis le plus de fonds dans cette spéculation, fut chargé de la direction des Nouveautés.

M. Langlois, sentant la nécessité de s'adjoindre un homme qui connût toutes les ressources, tous les besoins d'une administration théâtrale, surtout la mise en scène, appela M. Crosnier, homme actif et intelligent. Le théâtre des Nouveautés était un malade qui

(1) Je tiens ces détails de M. Langlois.

avait besoin d'une forte secousse pour sortir de l'état d'apathie dans lequel il était plongé depuis son ouverture.

Potier, l'acteur encore à la mode, Potier voyageait alors ; on résolut de l'avoir à tout prix; on envoya des courriers extraordinaires sur les traces du *Père Sournois*, avec ordre de l'appréhender au corps, de lui courir sus partout où l'on pourrait le découvrir et de ne pas marchander avec lui. Potier revint au théâtre de la Bourse et y fit sensation : cela devait être. Dans *la Maison du Rempart*, pièce fort amusante, de M. Mélesville, il parut original ; dans *Henri IV en famille*, il montra un tact admirable. Potier, sous les traits de l'amant de Gabrielle, du vainqueur d'Ivry... : c'était chose hardie, surtout venant de jouer *Werther*. Mais je l'ai dit, je n'ai pas connu d'acteur dont le talent fût plus souple, plus varié que celui de Potier. Une création de lui, qui restera au théâtre comme modèle, c'est *Antoine, ou les Trois générations*, de MM. Mélesville et Brazier. Potier a prouvé dans ce drame-vaudeville tout ce qu'un grand comédien pouvait faire ; dans le premier acte, c'était Dazincourt avec sa gaîté goguenarde; dans le second, Trial avec sa bonhomie; dans le troisième, Monvel avec sa voix cassée, faible, chevrotante, mais avec sa sensibilité exquise.

À côté de Potier qui chantait très mal, chantait Philippe *Jovial*, Philippe le rieur, le couplet vivant. C'est au refus d'un rôle qu'il a dû de jouer son second *Jovial*. MM. Scribe et Dupin, ayant donné un vaudeville à spectacle, *les Voyages du petit Jonas*, et Philippe, refusant son rôle, fut condamné à payer à M. Langlois la somme de 100,000 francs. Le boute-en-train, écroué à Sainte-Pélagie, n'y demeura que vingt-quatre heures, et déjà M. Théaulon (1) avait improvisé *Jovial en prison*, pour faire suite à *Jovial* ou *l'Huissier chansonnier*. Lafont, dans le rôle de *Jean* qu'il créa aux Nouveautés, se montra très comique en rappelant Clozel dans *Philibert le mauvais sujet*. Bouffé, dans *le Futur de la Grand'Maman*, *le Marchand de la rue Saint-Denis*, *Caleb* et *le Couvreur*, semblait dire : Attendez ! attendez !.... Virginie Déjazet avait quitté le théâtre de Madame pour venir en aide à celui des Nouveautés, qui avait l'air d'être placé devant le palais de la Bourse comme par dérision. Eh bien ! malgré ces noms brillants, ces artistes si aimés du public, malgré des pièces agréables, les Nouveautés étaient tou-

---

(1) M. Théaulon est le vaudevilliste le plus inventif et le plus producteur entre tous ses confrères. Indépendamment des pièces qu'il a composées en société, il est auteur, seul, d'une foule de jolis ouvrages. *La Mère au bal et la Fille à la maison*, *le Petit Chaperon Rouge*, *le Chiffonnier*, et la comédie de *l'Artiste ambitieux*, suffiraient à la réputation d'un auteur.

jours entre la vie et la mort. En 1829, MM. Bossange et Bohain, jeunes écrivains pleins d'esprit, de sève, hommes actifs, entreprenants, essayèrent de donner une impulsion nouvelle à cette grande machine détraquée. Aux couplets de factures, aux flons-flons routiniers, on substitua de la musique nouvelle, sans pour cela abandonner tout à fait le vaudeville; au contraire, nous avons vu apparaître sur cette scène le vaudeville *mortuaire*, le vaudeville *pulmonique*, le vaudeville *boiteux, borgne, manchot*, tout, jusqu'au vaudeville *hydrophobe !* Madame Albert y a joué le rôle d'une enragée, et dans *Valentine*, ou *la Chute des feuilles*, elle mourait sur le théâtre en avalant une tasse de bouillon d'escargot.... Puis, pour balayer tous ces malades et toutes ces maladies, sont arrivées, en 1832, *les Pilules dramatiques*, ou *le Choléra-Morbus*, revue spirituelle et piquante de toutes les maladies théâtrales.

Alors le moyen-âge s'était déjà infiltré dans les romans, dans les drames. M. Bossange se dit : Pourquoi le vaudeville ne serait-il pas moyen-âge ? il a bien été trumeau, régence et Pompadour !..... Ce qui fut dit fut fait. Henri VIII, ce défenseur de la foi qui changea la foi en Angleterre, qui combattit les réformistes et fit de la réformation, Henri VIII, ce roi breton qui, voulant faire passer un bill, dit en mettant (comme c'était l'usage) la main sur la tête du député qui paraissait douter que l'impôt passât :

« Que demain ma volonté soit faite, ou demain cette tête est à bas ! »

Les subsides furent votés !.... De nos jours, point n'est besoin d'une pareille menace pour faire passer de gros budgets !....

Volnys, acteur nouveau alors, fut désigné pour représenter ce singulier roi, cette espèce de Barbe-Bleue couronné qui jouait à la boule avec des têtes de femmes. Volnys, dont la figure est grave, la pose tranquille, le geste impérieux, composa très bien ce rôle; dans le troisième acte surtout, il se montra comédien habile.

Virginie Déjazet était charmante dans le rôle de la malheureuse Catherine Howard...., elle avait de la grace, de la sensibilité.... On éprouvait un petit frisson lorsqu'elle disait à Henri, avec l'esprit que vous lui connaissez, au moment où celui-ci lui passait la main sur le cou en signe d'amitié :

« Finis donc, Henri, tu me chatouilles !....»

Ce drame de MM. Paul Duport et Edouard Monnais ne manquait ni de force ni d'intérêt; MM. Adam et Casimir Gide en avaient composé la musique qui était très bien appropriée au sujet.

Ce théâtre fut témoin de l'un des premiers actes populaires de la révolution de 1830.

Le 27 juillet, le corps de garde que l'on avait mis sur la place de la Bourse fut brûlé, à neuf heures du soir, entre deux pièces.

A partir de cette époque, l'histoire du théâtre des Nouveautés ressemblera à celle des autres spectacles de Paris. Le 2 août, sur les débris fumants des barricades, on y représenta un impromptu patriotique de MM. Ferdinand de Villeneuve et Masson.

Bouffé, dans le rôle d'un manœuvre, le père Gâcheux, y faisait beaucoup rire ; c'était dans cette pièce qu'il disait :

« Dis donc, Mitoufflet, je me suis assis dans le trône ! — Vrai?.... y est-on bien ? — Oh ! si tu savais comme on s'enfonce là dedans!.... »

Le Voyage de la Liberté suivit de près l'impromptu patriotique. MM. Bohain et Bossange s'étant retirés au mois de février 1831, M. Langlois reprit le timon des affaires.

Un ouvrage qui mérite une mention particulière, *le Procès d'un Maréchal de France*, souleva une grande question de propriété littéraire. La censure n'existait plus, la Charte de 1830 l'avait abolie, le pouvoir d'alors laissa monter, répéter, afficher, et le jour de la première représentation la pièce fut défendue.

Voici des détails qui seront curieux à conserver pour l'histoire du théâtre.

Le samedi 22 novembre 1831, à midi, la

pièce intitulée *le Procès d'un Maréchal de France* (1815) étant affichée, l'autorité fit défense de la représenter. Le directeur, M. Langlois, protesta contre cette mesure, déclarant que son intention était de passer outre et de jouer la pièce. A cinq heures du soir, des bandes sont posées sur les affiches. Alors MM. Fontan et Dupeuty interviennent en déclarant vouloir aussi protester en leurs noms, et que si leur ouvrage n'était point joué, ils prendraient des réserves contre l'administration, non dans des vues d'intérêt, mais seulement pour défendre le principe. A neuf heures trois quarts du soir, M. Langlois déclare qu'il va fermer son spectacle.

Le lendemain dimanche 23, à cinq heures du soir, la pièce est réaffichée, mais de nouvelles bandes sont mises avec ces mots : *Par ordre de l'autorité, défenses ont été faites de jouer la pièce ayant pour titre : le Procès d'un Maréchal de France* (1815). Cependant des groupes s'étant formés sur la place de la Bourse et aux abords du théâtre, un détachement de garde municipale y fut envoyé pour empêcher le public de pénétrer de vive force dans la salle. Au bas de l'affiche on annonça, à la place de l'ouvrage défendu : *Une Nuit de Marion Delorme*, *le Pasteur* et *le Voyage de la Liberté*, titre qui, ce jour-là, avait l'air d'une plaisanterie. Les auteurs citèrent le directeur au tribunal, pour qu'il eût à jouer leur drame, demandant, en cas de refus, des indemnités; mais, comme je l'ai dit, l'intention formelle de MM. Fontan et Dupeuty n'était point de les recevoir, mais bien de défendre un principe.

Je ne discuterai point ici s'il était convenable ou non de permettre que l'on mît sur la scène *le Maréchal Ney;* mais je dirai seulement que l'on agissait trop cavalièrement vis à vis des gens de lettres et des entrepreneurs de spectacles. On laissait les premiers élaborer un sujet annoncé d'avance dans les journaux, on laissait les autres répéter, faire des dépenses, des frais de mise en scène, et la veille, ou le jour de la représentation, un garde municipal arrivait avec défense de laisser jouer l'ouvrage.

Un pareil ordre de choses ne pouvait pas durer; on a rétabli la censure, subissons-la.

Toute censure est chose triste, mais elle vaut mieux que l'arbitraire. Un auteur est prévenu de ne pas aller trop loin, il connaît les dangers qu'il peut courir, les écueils qu'il doit éviter. Quand des couvreurs travaillent sur un toit, j'aime assez qu'il y ait en bas quelqu'un pour me crier quand je passe : Gare là dessous!....

Après les ouvrages déjà cités, ceux qui ont obtenu le plus de succès sont : *le Mariage impossible, Faust, Gillette de Narbonne, la Fiancée du fleuve, la Morte,* de MM. Ancelot et Léon Buquet, *les Sybarites* de M. Laffitte, acteur de la Comédie-Française; *les Jumeaux de la Réole*, drame de MM. de Rougemont et Alexis Combrousse.

M. Langlois, qui a englouti dans cette grande entreprise une fortune de onze cent mille francs, n'a pu relever celle du théâtre qui fut fermé le 15 février 1832; au mois de septembre de la même année, M. Paul Dutreck, ancien acteur et sociétaire de Feydeau, y rouvrit l'Opéra-Comique, qui avait déserté la belle salle Ventadour. A M. Paul a succédé en 1834 M. Crosnier, qui depuis dirige ce théâtre avec zèle et bonheur.

Aujourd'hui, là où Potier, Bouffé, Philippe, Lafont, chantaient les couplets spirituels de MM. Carmouche, Desforges, Brisset, Lewen, Dartois, Wanderbuck, Duvert, Varin, Lausanne, Desvergers, Paul de Kock, Rochefort, Saint-Georges, Frédéric de Courcy, les frères Cogniard et autres, Chollet, Henry, Thénard (1), Inchindi nous font entendre les morceaux savants des Hérold, des Boyeldieu, des Gomis, des Aubert, des Caraffa, des Halevy; là ou Déjazet entonnait des refrains grivois, où madame Albert chantait le vaudeville nerveux, mesdames Damoreau, Casimir, Prévôt, Jenny Colon nous impressionnent avec les romances d'Adam, les airs variés de Maupeou et les suaves chansonnettes de la jeune Loïsa Puget.

(1) Il vient de mourir en Hollande.

Changements de genre, de pièces, d'acteurs, d'actrices, mais toujours du zèle, de l'esprit, du charme et des talents.

CONCLUSION

DES THÉATRES DU VAUDEVILLE.

Quand j'ai entrepris l'histoire du vaudeville par celle des théâtres qui ont constamment joué ce genre, je savais quelle était ma tâche, je crois l'avoir remplie autant que possible.... En résumé, depuis la Comédie-Italienne et la foire Saint-Laurent en 1710 jusqu'à nos théâtres en 1837, le vaudeville a chanté selon les temps et les circonstances. Il a, comme on l'a vu, commencé par être niais, puis il s'est fait naïf, puis malin, puis satirique et méchant, et enfin hypocondriaque. Après avoir été courtisan comme un ancien sénateur, il s'est fait indépendant comme un contrebandier. Il a donné successivement dans toutes les folies, il a brisé le lendemain l'idole qu'il encensait la veille; et puis, quand il a été las, il est retombé, comme nous l'avons vu plusieurs fois, dans le marasme ou dans l'extravagance. Depuis six ans seulement, le vaudeville, c'est à dire le couplet, s'est fait drame, moyen-âge, pamphlet, fashion, gamin ; il a porté de la poudre, des cheveux plats ; il a mis des mouches, fumé le cigare ; il a chanté *vive Henri IV! la Carmagnole, Charmante Gabrielle, la Parisienne* ; il a été légitimiste, républicain, juste-milieu ; il a célébré Napoléon et crié *vive la Liberté!* et porté des fleurs au pied de la Colonne ; on l'a vu s'asseoir dans le fauteuil royal ; il a chanté dans les rues, il a couru aux Variétés, à la rue de Chartres, au Gymnase, au Palais-Royal, à la porte Saint-Martin, à l'Ambigu, à la Gaîté, chez madame Saqui, chez Bobineau, au Petit-Lazary, dans les banlieues et dans les départements ; il a chanté sur la corde roide aux Funambules, et fait le saut du ruban chez Franconi ; il a été talon rouge, bonnet rouge, cordon rouge ; il a porté l'habit du soldat, la soutane du curé, la veste du prolétaire, le rochet d'un évêque ; il s'est ri de tout, moqué de tout, saturé de tout ; il est allé en enfer, en paradis ; il s'est raillé du ciel et de la terre, de Dieu, du diable et des hommes.

L'histoire de l'époque où nous sommes sera plus qu'aucune autre facile à retrouver dans les fastes du vaudeville ; ce sera pour lui une espèce d'époque sans nom, comme l'a très bien caractérisée en littérature un spirituel écrivain (1). On verra facilement qu'en 1837 on

(1) M. Bazin.

chantait partout, mais que le *véritable vaudeville* n'était nulle part, hélas! et j'ai bien peur qu'en écrivant son histoire je n'aie fait que sa nécrologie....

Quelques personnes pourront me répondre : Mais vous avez dit que l'on riait au Vaudeville, aux Variétés, au Palais-Royal..; le vaudeville y est donc? — Non, je le répète, le vrai vaudeville est mort. On chante partout, mais des morceaux d'opéras, des airs de Rossini, de Meyerbeer. J'entends partout des roulades, des barcarolles, des rondeaux, des duos, des nocturnes, des romances, et j'attends toujours des couplets... Le vaudeville est mort...., quant à présent du moins... Je proclame d'avance un homme fort celui qui le ressuscitera.

HISTOIRE DU THÉATRE MOLIÈRE,

RUE SAINT-MARTIN.

Vers l'année 1791, un homme à qui l'amour de la comédie a fait sacrifier des sommes considérables, M. Boursault Malherbe, résolut de doter le quartier Saint-Martin d'une salle de spectacle

Ce fut dans une cour assez vaste qui faisait partie d'un passage appelé passage des Nourrices, et qui allait de la rue Saint-Martin à celle Quincampoix (1), que M. Boursault en posa la première pierre.

Secondé par un habile charpentier, M. Boursault prouva que ce qu'on regardait comme impossible ne l'était pas; car, en moins de deux mois, on vit une vaste salle bâtie, et les alentours du terrain pour ainsi dire recréés ; de sorte que les personnes qui, deux mois auparavant, avaient passé sur l'ancien emplacement ne le reconnaissaient plus.

La salle Molière offrait une jolie façade sur la rue Saint-Martin ; elle était composée de trois rangs de loges, d'un orchestre et d'un pourtour. Toutes les premières loges étaient ornées de glaces qui semblaient doubler le nombre des spectateurs. Une sortie donnait sur la rue Quincampoix.

Cette rue Quincampoix avait obtenu sous la régence une célébrité malheureuse. C'est là qu'avaient lieu les échanges de la banque de l'E-

---

(1) Le nom de Quincampoix est celui de quelques villages situés près Paris. Un seigneur de ces villages fit sans doute bâtir un hôtel sur l'emplacement de cette rue. Le nom de *Quincampoix* dérive du latin *quinque pagi*. Cinq pays, cinq territoires.

(DULAURE, *Histoire de Paris*.)

cossais Law. L'or et l'argent y devenaient papier, et le papier, rien. Ce honteux trafic ruina le trésor royal, et réduisit à la misère un grand nombre de familles (1).

C'était donc une idée heureuse et philanthropique que celle de bâtir un théâtre destiné à faire rire, dans un quartier où tant d'honnêtes gens avaient pleuré. Substituer le nom de Molière à celui de Law...; mettre le talent et l'esprit là où la fraude et l'intrigue avaient établi leur comptoir, c'était, en quelque sorte, purifier le lieu au feu du génie, c'était balayer les écuries d'Augias.

Mais le théâtre de Molière, ouvert à l'aurore d'une violente révolution, devait, comme beaucoup d'autres, suivre le torrent. Dans ces jours d'effervescence et de fièvre, ne gardait pas la neutralité qui voulait.

On lit dans un recueil du temps (2) :

« Plusieurs patriotes ont porté au théâtre de
» Molière des pièces désespérantes pour l'aris-
» tocratie : elle y est complètement bafouée et
» livrée à la risée publique. La meilleure de
» ces pièces est *la Ligue des Fanatiques et des*
» *Tyrans;* elle est de M. Roussin. Est venu
» ensuite : *le Dîner du roi de Prusse à Paris,*
» *retardé par l'indisposition de son armée.* »

(1) Voir les *Mémoires de Duclos.*
(2) *Alman. des Spectacles,* de Duchesne, année 1792.

Ce titre rappelle celui *des Frères féroces, ou les haines de famille infiniment trop prolongées*, titre auquel *Bonardin*-Potier conseillait de faire de larges coupures.

La première année fut heureuse et brillante ; mais 1793 était à nos portes. M. Boursault ayant quitté la direction, et plusieurs de ses sujets s'étant retirés avec lui, ceux qui restaient, réunis à quelques nouveaux venus, prirent le théâtre, et placèrent à leur tête un de leurs camarades appelé Lachapelle (1).

Ce théâtre fut pendant quinze ans, comme la plupart de ses confrères, en pleine anarchie. Je le laisserai donc ouvrir et fermer tous les mois, changer de directeur toutes les semaines. J'indiquerai seulement ses phases les plus remarquables, les révolutions qu'il a subies ; je parlerai des pièces et des acteurs qui mériteront quelque attention.

Déjà, en 1792, il avait pris le titre de *théâtre national de Molière*. Jamais le mot national n'avait été aussi bien placé qu'à côté du nom du Térence français.

En 1793, presque tous les spectacles de Pa-

(1) Il a été condamné à mort par le tribunal révolutionnaire, et exécuté le 24 mars 1794. Son théâtre avait été imprimé en 1786, au profit de sa belle-mère ; 1 vol. in-12 : à Paris, chez Cailleau. Barbier, dans son *Dictionnaire des Anonymes*, lui attribue encore la traduction de *la Chute de Rufin*, 1780, in-8.

ris quittèrent leurs anciens noms, pour prendre des noms révolutionnaires ; le théâtre de Molière échangea le sien contre celui de *théâtre des Sans-Culottes*. On y joua *le véritable Ami des Lois*, et *les Crimes de la Féodalité*. Ces pièces étaient d'une femme, la citoyenne Villeneuve. Il était assez plaisant de voir un auteur en *jupons* travailler pour le théâtre *des Sans-Culottes*.

Louis XIV et le Masque de fer suivirent de près *les Crimes de la Féodalité*; c'était l'histoire du Masque de fer, telle à peu près qu'on la trouve dans *les Mémoires de Richelieu*, par l'abbé de Soulavie. Louis XIV, dit un critique du temps, y est représenté sous des couleurs trop odieuses; on ne l'a guère plus ménagé de nos jours.

Après la Terreur, le mot *sans-culottes* fut effacé, et le nom de *Molière* reprit la place que jamais il n'aurait dû quitter. Molière mérite assez que son nom traverse toutes les époques, et soit respecté par toutes les révolutions.

A quelque temps de là, Léger, qui jouait les Gilles au théâtre de la rue de Chartres, ce qui ne l'empêchait pas de faire des vaudevilles assez spirituels ; Léger s'étant brouillé avec Barré, son directeur, éleva un second théâtre chantant. *le Théâtre des Troubadours*. Piis se joignit à lui, et le 15 floréal an VII, *les Troubadours* jouèrent à la salle Molière jusqu'à ce qu'ils allassent à celle de la rue de Louvois.

Vers 1800, le nom de *Molière* disparut encore de la façade, sur laquelle on lisait ce titre : *Variétés nationales et étrangères*. Et, en vérité, je ne sais pas trop pourquoi...; car, au lieu d'y donner des traductions, devinez ce qu'on y jouait le plus souvent?...

Blaise et Babet, Robert le Bossu, Alexis et Justine, le Devin de village, les Chasseurs et la Laitière, la Fête de Colette, les Sabots, et autres petites niaiseries, bergeries, moutonneries *ejusdem farinæ*.

Au commencement du consulat, en 1801, MM. Gouraincourt et Bruno prirent la direction de ce théâtre; le premier était un négociant, et le second un journaliste qui faisait de la littérature dans les petites affiches. Charmante association! Voici une anecdote qui mérite d'être rapportée. Aujourd'hui, quand une pièce est reçue, il faut quelquefois solliciter pendant plusieurs années avant de parvenir à la faire représenter. On va voir que, sous le consulat, les vaudevillistes étaient plus heureux qu'à l'heure présente.

Dumersan, qui entrait dans la carrière, avait remis au régisseur de ce théâtre un vaudeville assez spirituel (il en était bien capable).

Depuis six mois il n'en avait point entendu parler, lorsqu'un jour il lit dans les petites affi-

ches : « L'auteur d'un vaudeville intitulé : *la
» Petite revue*, déposé il y a six mois au théâtre
» de Molière, est prié de passer à la nouvelle
» administration pour distribuer les rôles de
» sa pièce. »

Maintenant, peu d'auteurs reçoivent de semblables avis; mais en revanche les directeurs reçoivent souvent des assignations et jouent, non seulement les vaudevilles, mais encore les tragédies et les drames modernes par jugement du Tribunal de commerce.

La Petite revue (1) était jouée par Moessard, Villars, Lequien et madame Bras (2), alors jeune, jolie et chantant à merveille.

L'acteur Lequien étant tombé malade, le bout de rôle qu'il remplissait fut appris et joué par Joly ; c'était la première fois que Joly montait sur la scène. On sait qu'il est devenu l'un des meilleurs comédiens de Paris.

J'avais composé en 1804, avec Henrion, un vaudeville fort innocent, *il faut un mariage*. A ce propos, permettez-moi de vous donner quelques détails biographiques sur l'estimable vau-

(1) Cette bluette obtint du succès. Dumersan fit encore représenter à Molière, avec M. de Bugny, *M. Botte*, tiré du roman de Pigault-Lebrun.

(2) Madame Bras a joué successivement à Paris, en province, à Milan. Revenue au Vaudeville en 1817, elle est partie ensuite pour Saint-Pétersbourg et vient d'y mourir.

devilliste Henrion : il avait une certaine originalité dans la personne et dans l'esprit; on le voyait toujours habillé de noir avec jabot et manchettes ; il avait conservé la queue, les oreilles de chien et la poudre. On le rencontrait rarement sans un paquet de rôles à la main.

Henrion, sous-chef à l'administration des postes, était l'auteur le plus productif de l'époque ; il avait une facilité prodigieuse ; on aurait dit qu'il était venu au monde tout exprès pour précéder la *vapeur et les chemins de fer*. Henrion était une espèce de *locomotive* tenant plume. Il écrivait une pièce, prose et couplets, dans une matinée, ce qui faisait que souvent ses chutes étaient en proportion du nombre des ouvrages qu'il composait.

Armand Gouffé, qui ne laissait guère échapper une occasion de faire un couplet malin, avait improvisé sur Henrion celui que voici, qui amusait fort dans le temps où un couplet amusait encore :

> Vous connaissez tous Henrion,
> Homme de lettres à la poste ;
> Henrion rime et fait ses vers en poste,
> Henrion chante en dépit d'Amphion.
> Henrion !... pas un ne l'ignore,
> Tes chutes ne t'ont pas meurtri...
> Nous en rions ! Nous en avons bien ri !...
> Et nous en rirons bien encore !...

Henrion a obtenu, nonobstant cette plaisanterie, plusieurs succès au théâtre : *Manon la ravaudeuse*, *Drelindindin*, *le Télégraphe d'amour*, *la Dupe de sa ruse*, *l'Homme en deuil de lui-même*. Il a aussi composé quelques romans. Henrion possédait des qualités estimables; il partageait ses appointements et ses droits d'auteur avec sa mère et sa sœur. Il est mort en 1808.

Il faut un mariage était mon troisième vaudeville, il était joué par l'élite de la troupe : Genest, Cazot, Saint-Preux, Lecoutre ; les dames Montariol, Cartigny (sœur de l'ex-sociétaire de la Comédie-Française), une jeune personne, mademoiselle Montano, qui chantait déjà si bien qu'on lui faisait toujours recommencer son couplet au public, ce qui flattait infiniment mon amour-propre d'auteur.

Beaucoup de littérateurs recommandables ont travaillé pour ce théâtre.

Armand Charlemagne y a donné *le souper des Jacobins* ; Dorat-Cubière, *Madame de Pompadour* ; Levrier du Champion, *le Diable couleur de Rose*, opéra, musique de Gaveaux. Bosquier-Gavaudan était fort amusant dans le rôle de Valogne, valet normand. Il y exécutait une danse si originale qu'il était toujours obligé de la danser deux fois. Gosse, l'auteur du *Médisant*, y fit jouer *le Nouveau débarqué*. Enfin un comédien de province, Richaud-Martelli, jouant les premiers rôles d'une manière très distinguée, dota ce théâtre *des Deux Figaro*, comédie d'intrigue qui eut beaucoup de succès à Paris.

On disait alors que cette comédie n'était pas de lui, qu'il l'avait rapportée de province, où un jeune homme la lui avait confiée. Aucune réclamation publique n'ayant paru à ce sujet, il faut supposer que ce n'était là qu'une calomnie de coulisse; les auteurs modernes sont exposés aux mêmes désagréments.

Vers l'année 1806, le goût de l'étranger commençait à s'emparer des esprits; Ducis avait déjà donné le signal en nous faisant connaître quelques unes des beautés de Shakspeare. On pensa qu'un théâtre spécialement consacré à l'importation des productions exotiques pourrait devenir utile à la littérature française; ce fut dans cette pensée que le théâtre de Molière changea encore une fois de nom; il s'appela *théâtre des Variétés étrangères*. M. Boursault, toujours dominé par la passion du théâtre, se mit à la tête de cette entreprise qui lui faisait honneur, puisqu'elle tendait au progrès de l'art.

La nouvelle ouverture eut lieu le 29 novembre, devant une assemblée brillante et nombreuse. Un discours fut prononcé, et dans ce discours on annonçait aux spectateurs que Shéridan, Garrick, Schiller, Caldéron, Goldoni viendraient tour à tour enrichir notre scène; que l'unité d'Aristote serait souvent violée; que l'on voyagerait d'un pays dans un autre, comme dans les *Mille et une Nuits*, et que, dans un entr'acte, les personnages vieilleraient de cinquante ans, si c'était leur bon plaisir.

Nous avons depuis quinze ans, j'espère, usé et même abusé de la latitude que nous ont faite nos voisins d'outre-Rhin et d'outre-mer.

Les premiers essais ne furent pas heureux ; ce n'était pourtant pas la faute des traducteurs, dont plusieurs étaient gens de talent : MM. Alexandre Duval et Alissan de Chazet, entre autres, ont beaucoup travaillé pour les *Variétés étrangères*.

Voici une lettre assez curieuse, et qui vient à l'appui de ce que j'avance. Elle fut écrite au *Journal de Paris*, par les administrateurs, à propos d'une traduction espagnole tombée à plat, et qui portait le titre de *la Maison vide et occupée*.

« Monsieur le rédacteur,

» *La Maison vide et occupée*, tirée du théâtre
» espagnol, n'a pas eu de succès ; nous vous
» prions d'annoncer qu'elle ne paraîtra plus
» sur l'affiche. L'administration s'est décidée à
» retirer le soir même tous les ouvrages qui
» n'auront point obtenu une faveur marquée.
» En empruntant aux étrangers leurs comédies,
» il serait difficile, jusqu'à un certain point, de
» juger d'avance l'effet qu'elles produiront sur
» des spectateurs français : on sera sûr, au

» moins, que l'on n'offrira plus au public des
» pièces que son goût aura réprouvées..... etc.
» Nous avons l'honneur de vous saluer.
» *Les Administrateurs*, etc. »

Une comédienne distinguée, madame **Dacosta**, créa à ce théâtre plusieurs rôles qui lui firent honneur. Toutes les fois que mademoiselle Contat, cette actrice inimitable, ne jouait pas à la Comédie-Française, elle assistait aux représentations des *Variétés étrangères*; elle encourageait les artistes, et on l'a souvent entendue dire, en frappant de son éventail sur le bord de sa loge : « Il y a de l'avenir dans ce théâtre-là ! »

Les *Variétés étrangères*, ouvertes le 29 novembre 1806, furent fermées par décret impérial du 13 août 1807, ce qui borna leur existence à huit mois et quatorze jours.

La mesure qui frappait de suppression douze théâtres à la fois ne devait pas s'étendre à celui de Molière. Peut-être cette entreprise méritait-elle d'être encouragée et protégée ; mais le sabre qui gouvernait ne s'inquiétait guère de **Caldéron** ni de **Schiller**.

Les *Variétés étrangères* ont joué plus de soixante traductions : Kotzebue est l'auteur qui leur a fourni le plus de sujets.

Je le répète, malgré le talent de quelques littérateurs, ce premier essai n'a point porté tous les fruits qu'on aurait pu espérer.

La belle édition des chefs-d'œuvre dramatiques devait nous faire connaître plus à fond toutes les beautés de Shakspeare, de Goëthe, de Schiller, de Caldéron, de Moratin, de Lessing, de Lope de Vega, et d'un grand nombre d'auteurs plus modernes, qui depuis ont illustré leur pays.

Historien fidèle, je dois rapporter ici quelques passages d'une lettre qui prouve que parfois le théâtre des *Variétés étrangères* ne fut pas très scrupuleux dans ses traductions. Cette lettre fut envoyée au *Journal de Paris,* le 13 mars, jour de la clôture du théâtre.

« Monsieur le rédacteur,

» Le théâtre des *Variétés étrangères* expire
» ce soir. Mon intention n'est pas, assurément,
» d'insulter à ses derniers moments! mais je
» crois devoir à ma patrie et aux grands hom-
» mes qui l'ont illustrée quelques observations,
» que je bornerai ici à une seule, pour ne pas
» abuser de la place que je vous demande : on
» vient de donner au théâtre dont il s'agit
» *Louise et Ferdinand*, comédie en trois actes,
» de Schiller. J'y ai couru, croyant que c'était
» une œuvre posthume de ce grand poète ; mais
» jugez de mon *désappointement* ; à force d'attention, j'ai démêlé que cette *comédie* était
» fabriquée avec la *tragédie* de Schiller, *Cabale*
» *und Liebe.* Tout y est interverti, dénaturé,
» falsifié, et le dénouement si terrible est rem-

» placé par un morceau de papier, que tous les
» personnages se passent les uns aux autres, à
» peu près comme à un certain jeu innocent,
» que vous appelez, je crois, *Petit bon-homme
» vit encore!*...

» Et cette rapsodie porte le nom de Schil-
» ler!

» Que diriez-vous, messieurs, d'un Alle-
» mand qui mutilerait, qui dépécerait ainsi une
» *tragédie* de Corneille, et intitulerait effronté-
» ment son monstrueux gâchis : *comédie* de
» Pierre Corneille? Le journaliste de Vienne ou
» de Berlin ne pourrait-il pas aussi, avec votre
» Corneille, égayer le peuple des faubourgs?

» J'ai l'honneur de vous saluer.
» Germanicus. »

Cette lettre sent un peu la colère germanique, mais la signature fait absoudre son auteur; il défend Schiller comme nous défendrions Corneille : à chacun ses dieux!...

Je le répète donc, la pensée d'un théâtre chargé de reproduire les chefs-d'œuvre étrangers était une chose excellente en soi; mais l'exécution en était fort difficile. Cela ne doit pas nous empêcher de rendre justice, en 1837, à la bonne intention qui anima, en 1806, quelques hommes de talent.

De 1807 à 1830, la salle Molière eut le sort de toutes les salles abandonnées; elle servit à donner des séances de physique, des assauts d'armes, des concerts, des bals, des banquets de francs-maçons.

En 1831, M. Lemétayer obtint de réouvrir la salle de la rue Saint-Martin, mais la façade avait disparu, une maison l'avait remplacée : il fallut refaire une entrée par la rue Quincampoix, ce qui en rendait l'accès triste et désagréable.

On remit la salle à neuf, et le 9 juin 1831, le théâtre Molière fut réouvert, peut-être pour la vingtième fois depuis son origine. On joua, le premier jour, un vaudeville amusant, *La rue Quincampoix*. C'était l'histoire du petit bossu qui prêtait son dos pour servir de pupitre aux agioteurs du temps : les auteurs, MM. Alboize, James Rousseau et Charles Desnoyers supposaient que ce bossu avait été le célèbre *Mayeux*.

Pourquoi non? Pourquoi Mayeux n'aurait-il pas existé sous la Régence? Il ne fut peut-être qu'un type retrouvé en 1829.

La troupe du théâtre Molière, pour ainsi dire improvisée, n'offrait point de noms connus; je ne parlerai donc pas des acteurs qui, pour la plupart, débutaient dans la carrière.

Il n'en fut pas de même des auteurs. On a lu sur les affiches les noms de MM. Théaulon, Maillan, Frédéric de Courcy, Merville, Blanchard, Lhérie, etc.

Fermé le 31 octobre 1831, le *Théâtre de Mo-*

lière a été réouvert le 16 mars 1832, mais pour la dernière fois; car, le 5 novembre, il fut pour toujours rayé de la liste des vivants.

La cage et quelques rangs de loges sont encore debout, mais les costumes et les décorations ont été vendus. Un misérable bal a lieu les dimanches et fêtes dans l'édifice bâti en 1791 par M. Boursault Malherbe, que l'on peut, à juste titre, surnommer la providence des théâtres.

Le passage, qui existe toujours, porte le nom de *Passage Molière,* et au dessus de la porte de ce passage, qui donne dans la rue Saint-Martin, on lit encore aujourd'hui ces mots écrits *en lettres d'or :* THÉATRE DE MOLIERE!!.....

THÉATRES BOURGEOIS.

Nous sommes le peuple chez qui le goût du spectacle s'est développé le plus vite, nous nous sommes émancipés de bonne heure ; à peine avons-nous eu implanté le théâtre en France, que nous avons été de progrès en progrès. En 1600, le théâtre était encore dans l'enfance, et en 1670 on jouait *le Cid, Héraclius, Tartufe* et *le Misanthrope...* C'est marcher à pas de géant, si l'on compare le théâtre étranger avec le nôtre.

Il faut que l'art du comédien soit bien puissant, bien attractif, puisqu'il a trouvé et qu'il trouve encore tant de gens pour s'y livrer. C'est une passion qui a gagné toutes les classes de la société, les rois, les princes, les grands seigneurs, les bourgeois, les marchands, les artisans et les ouvriers.

Louis XIV dansait dans les ballets, madame de Maintenon faisait jouer la comédie à Saint-Cyr, les grands seigneurs avaient, avant la révolution, des salles de spectacle dans leurs châteaux ; ils aimaient à jouer devant leurs vassaux, choisissant de préférence les rôles inférieurs à leur condition, tant l'homme aime à se déplacer.

Vous verrez souvent les grands seigneurs jouer les rôles de valets, de paysans, d'hommes du peuple, lorsque les artisans, au contraire, seront fiers de représenter des rois, des empereurs et des gens du monde.

Voilà ce que dit Mercier sur les théâtres bourgeois dans son *Tableau de Paris*.

« Amusement fort répandu qui forme la mé-
» moire, développe le maintien, apprend à par-
» ler, meuble la tête de beaux vers, et qui
» suppose quelques études. »

Je ne serai pas toujours de l'avis de Mercier. Continuons :

« Ce passe-temps vaut mieux que la fréquen-

» tation des cafés, l'insipide jeu de cartes et
» l'oisiveté absolue.

» On pense bien que ces acteurs, qui repré-
» sentent pour leur propre divertissement, ne
» sont pas assez formés pour satisfaire l'homme
» de goût ; mais en fait de plaisirs, qui raffine
» a tort. Pour moi, j'ai remarqué que la pièce
» que je connaissais devenait toujours nouvelle
» lorsque les acteurs m'étaient nouveaux. Je ne
» sais rien de plus fastidieux que d'assister à
» une troisième et quatrième représentation par
» les mêmes comédiens.

» Je n'ignore pas qu'on y déchire sans misé-
» ricorde les chefs-d'œuvre des auteurs dra-
» matiques, qu'on y estropie les airs des meil-
» leurs compositeurs, que ces assemblées don-
» nent lieu à des scènes plus plaisantes que
» celles que l'on représente. Eh! tant mieux! le
» spectateur s'amuse à la fois de la pièce et des
» personnages.

» On joue la comédie dans un certain monde,
» non par amour pour elle, mais en raison des
» rapports que les rôles établissent. Quel amant
» a refusé de jouer *Orosmane?* et la beauté la
» plus craintive s'enhardit par le rôle de *Na-*
» *nine*.

» J'ai vu jouer la comédie à Chantilly par le
» prince de Condé et par madame la duchesse
» de Bourbon ; je leur ai trouvé une aisance,
» un goût, un naturel qui m'ont fait grand

» plaisir; vraiment, ils auraient pu être comé-
» diens s'ils ne fussent pas nés princes.

» Le duc d'Orléans, à Sainte-Assise, s'ac-
» quitte aussi très bien de ses rôles avec facilité
» et rondeur. La reine de France, enfin, a
» joué la comédie à Versailles dans ses petits
» appartements. N'ayant pas eu l'honneur de
» la voir, je n'en puis rien dire.

» Ce goût est répandu depuis les hautes clas-
» ses jusqu'aux dernières; il peut contribuer
» quelquefois à perfectionner l'éducation ou à
» en réformer une mauvaise, parce qu'il cor-
» rige tout à la fois l'accent, le maintien et l'é-
» locution. Mais cet amusement ne convient
» qu'aux grandes villes, parce qu'il suppose
» déjà un certain luxe et des mœurs peu rigides.
» Gardez-vous toujours des représentations
» théâtrales, petites et sages républiques, crai-
» gnez les spectacles, c'est un auteur dramati-
» que qui vous le dit. »

On me permettra de ne pas être en tout point de l'avis de Mercier, malgré l'autorité de J.-J. Rousseau qu'il avait pour lui, lorsqu'il signale le théâtre comme un amusement dangereux. Les mauvais spectacles..., oui; les pièces immorales, d'accord; mais de bons ouvrages et de bons acteurs n'offriront jamais de dangers pour le peuple. Je ne crois pas néanmoins que la comédie corrige les hommes, mais si elle ne les rend pas meilleurs, elle ne les rendra pas plus mauvais. Je ne parle ici que des représentations.... C'est un auteur de vaudevilles qui le dit......

Lorsque Mercier faisait ces réflexions, il n'avait vu que de bons spectacles bourgeois ; s'il avait assisté aux saturnales dont nous avons été témoins plus tard, il aurait parlé autrement.

Encore une fois, je ne pense pas que, comme le dit Mercier, le goût de la comédie puisse donner des manières à ceux qui n'en ont pas, ou réformer l'éducation de certaines gens ; il faut, selon moi, que les personnes qui s'y livrent aient reçu une certaine éducation, qu'elles aient des manières déjà faites ; autrement, elles auront beau se donner beaucoup de peine, elles ne seront jamais que ridicules, si elles ne sont pires....

Parmi les anecdotes qu'il cite comme étant arrivées dans les petits théâtres bourgeois, en voici une assez comique et qui rentre dans mes idées.

« Un cordonnier, habile à chausser le pied
» mignon de toutes nos beautés et renommé
» dans sa profession, chaussait le cothurne
» tous les dimanches. Il s'était brouillé avec le
» décorateur du théâtre. Celui-ci devait pour-
» voir la scène, au cinquième acte, d'un *poi-*
» *gnard* et le poser sur l'autel ; par une ven-
» geance malicieuse, il y substitua un *tranchet.*
» Le cordonnier-prince, dans la chaleur de la

» déclamation, ne s'en aperçut pas d'abord, et
» voulant se donner la mort à la fin de la pièce,
» il empoigna, aux yeux des spectateurs, le
» malheureux *tranchet* qui lui servait à gagner
» sa vie. Qu'on juge des éclats de rire qu'excita
» ce dénouement, qui ne parut pas tragique !
» Le cordonnier renonça à sa carrière d'acteur,
» et fit bien. »

« Sous le règne de Louis XV, » dit Dulaure, « la cour de Paris était possédée par la manie des spectacles. On ne donnait point de fêtes sans y faire intervenir des décorations, des scènes théâtrales; la plupart des maisons royales étaient pourvues de théâtres où l'on appelait à volonté les comédiens de Paris. »

Les princes et les seigneurs imitèrent cet exemple; ils en eurent dans leurs maisons de ville et de campagne. Le duc d'Orléans en avait un dans sa maison de Bagnolet, fameux par les pièces nouvelles et même un peu licencieuses qu'on y donnait. En 1760, on y joua pour la première fois, *la Partie de chasse de Henri IV*, de Collé; le duc d'Orléans y remplissait le rôle de Michaud, et Grandval, acteur des Français, celui de Henri IV.

Le maréchal de Richelieu avait un théâtre dans son hôtel, où, en 1762, on joua pour la première fois *Annette et Lubin*.

La fameuse Clairon joua chez la duchesse de Villeroi plusieurs fois en 1767; et l'année suivante, le drame de Fenouillot-Falbert, *l'Honnête Criminel*, qui n'avait pas encore reçu la permission de paraître en public, se montra à l'hôtel de Villeroi.

En 1763, le roi de Danemarck y assista et y vit la demoiselle Clairon et Le Kain.

Le baron d'Esclapon avait fait bâtir une salle au faubourg Saint-Germain, où les comédiens venaient jouer souvent, et où fut donnée en 1767 une grande représentation au bénéfice de Molé, qui était malade.

Alors on parlait beaucoup du théâtre de *la Folie-Titon*, sur lequel, en avril 1762, fut donnée une représentation *d'Annette et Lubin*, pièce jouée souvent dans des spectacles de société avant d'être représentée sur les théâtres publics.

La duchesse de Mazarin avait dans son hôtel un théâtre sur lequel, en septembre 1769, on représenta devant la princesse MADAME *la Partie de chasse de Henri IV*. Cette pièce fut jouée par des acteurs du Théâtre-Français.

La fameuse Guimard, danseuse de l'Opéra, célèbre par son luxe, sa maigreur, ses graces, par quelques actes de bienfaisance et par ses amants, avait dans sa maison de campagne, à Pantin, une salle de spectacle où fut jouée, en 1772, une parade intitulée *Madame Engueule*; elle avait aussi un autre théâtre à Paris dans son hôtel de la Chaussée d'Antin (1), dont l'ouverture se fit solennellement, au mois de décembre 1772, par *la Partie de Chasse de Henri IV*, qui était alors la pièce en vogue dans les théâtres de société. On devait jouer pour petite pièce *la Vérité dans le vin*, comédie un peu gaillarde. Mais l'archevêque de Paris, s'étant donné beaucoup de mouvement, en empêcha la représentation ; pour être en paix avec lui, on substitua à cette pièce une pantomime intitulée *Pygmalion* (2).

C'est pour le théâtre de la Guimard que Collé composa les pièces contenues dans son théâtre de société. Laborde, premier valet de chambre du roi, se chargeait de diriger le spectacle.

Deux courtisanes célèbres, appelées les demoiselles Verrière, avaient deux salles de spectacle, l'une à la ville, l'autre à la campagne. Colardeau et La Harpe composèrent exprès quelques pièces pour ces théâtres, et tous les deux y jouèrent des rôles.

Un sieur de Magnanville avait aussi, dans

---

(1) Cet hôtel, situé à l'entrée de la rue de la Chaussée d'Antin, n. 9, et construit par l'architecte Ledoux, fut nommé le *Temple de Terpsichore*. Après la mort de la demoiselle Guimard, il eut successivement pour propriétaires MM. Ditmer, Perrégaux, Laffitte, etc.

(2) *Histoire de Paris*, par Dulaure.

son château de Chevrette, un superbe théâtre où jouaient plusieurs dames de la cour. La comédie de Jean-Jacques Rousseau, *l'Engagement téméraire*, y fut représentée en 1748.

Le prince de Condé avait un théâtre à Chantilly, la dame Dupin à Chenonceau.

Le village de Passy a joui de quelque célébrité pour ses théâtres de société; madame la duchesse de Valentinois y donna des fêtes brillantes et souvent scandaleuses. Elle avait une salle de spectacle dans son parc, où l'on jouait souvent la comédie. Elle donna une fête à madame la comtesse de Provence, femme de Louis XVIII, dont elle était la dame d'atours; on représenta, ce jour-là, *Rose et Colas*; Clairval et mademoiselle Caroline y jouaient les principaux rôles. Dans *l'hôtel Bertin*, dit des parties casuelles, madame Bertin donnait aussi ce spectacle, mais elle voulait que l'étiquette fût observée; son mari, moins rigide, se dédommageait de la pruderie de sa femme dans une jolie maison qu'il avait achetée dans le voisinage, pour mademoiselle Contat. Là on jouait quelquefois la comédie bourgeoise, mais c'était derrière un paravent. Tout y était pêle-mêle, les grands seigneurs et les comédiens; la Guimard et le prince de Soubise, l'évêque d'Orléans (M. de Jarente) et mademoiselle Raucourt.

Dazaincourt, Préville, Dugazon, Trial, Laruette, puis mesdames Vestris, Sainval, Cadette, Joly, Olivier, qui créa le rôle de Chérubin, dans *Figaro*, puis encore quelques auteurs; Marmontel, qui faisait des contes, Cailhava des comédies, Lemière des poèmes, et le marquis de Bièvre, des calembourgs.

Collé, déjà un peu vieux, y faisait jouer ses petites pièces polissonnes. Certes, ce théâtre-là devait être fort amusant.

Le Ranelagh a eu aussi ses comédiens bourgeois. La Rotonde du bal se change en salle de spectacle, au moyen d'un théâtre portatif, dont l'avant-scène se rapporte parfaitement avec le décor de la salle et forme un ensemble complet.

Des élèves de l'école de déclamation et du Conservatoire de musique venaient autrefois essayer leurs jeunes talents dans l'art dramatique, sur le théâtre du Ranelagh, et se hasardaient ensuite sur de plus grandes scènes.

La célèbre Maillard, qui a si longtemps et si puissamment chanté les *Clytemnestres* au grand Opéra, s'est d'abord fait entendre au Ranelagh sur ce théâtre.

On y a également vu de simples amateurs, que le plaisir de jouer la comédie y réunissait.

Le spectacle était alors très varié : tragédies, comédies, opéras comiques, drames, vaudevilles, rien n'arrêtait les athlètes qui s'élançaient dans l'arène ; mais il faut en convenir, il en est peu qui se soient montrés dignes de remporter le prix.

J'ai tiré une partie de ces détails des *Chroniques de Passy*, ouvrage plein de recherches curieuses et amusantes, publié par M. Quillet, ancien commissaire des guerres, homme aussi bon que spirituel, et qui fut mon ami. Il est mort à Gally en janvier 1836.

Cet excellent homme a placé mon nom dans ses *Chroniques*, avec une bienveillance toute particulière. Je l'en ai remercié par un couplet, monnaie courante chez les chansonniers.

> Merci, mon vieil ami, merci,
> C'est trop d'honneur que vous me faites ;
> Le bon chroniqueur de Passy
> Inscrit mon nom sur ses tablettes :
> J'y pouvais mourir oublié,
> Mais chacun lisant votre ouvrage,
> On saura, grâce à l'amitié,
> Que j'étais de votre village.

Les théâtres particuliers, dont Dulaure ne fait qu'indiquer les plus connus, et où jouaient les meilleurs comédiens des grands théâtres, occasionnaient souvent leur absence et frustraient le public d'un plaisir qu'il payait. Aussi, en 1768, défense fut faite aux comédiens français et italiens de jouer sans permission ailleurs que sur leurs théâtres. Cette défense obligea les amateurs à jouer eux-mêmes.

Dès lors la manie du théâtre s'empara d'une multitude de jeunes gens de toutes les classes; chaque quartier, chaque faubourg de Paris eut sa société bourgeoise.

Après la Terreur, lorsque l'horizon se fut éclairci, une époque a été remarquable par le nombre des théâtres bourgeois qui s'étaient établis à Paris. Je veux parler de la fin du Directoire et des premiers temps de l'Empire, c'est à dire de 1798 à 1806.

On comptait plus de deux cents théâtres bourgeois existant dans la capitale ; il y en avait dans tous les quartiers, dans toutes les rues, dans toutes les maisons; il y avait le théâtre de l'Estrapade, celui de la Montagne-Sainte-Geneviève, ceux de la Boule-Rouge, de la rue Montmartre, de la rue Saint-Sauveur, du cul-de-sac des Peintres, de la rue Saint-Denis, du faubourg Saint-Martin, de la rue des Amandiers, de la rue Grenier-Saint-Lazare, etc. On jouait la comédie dans les boutiques des marchands de vin, dans les cafés, dans les caves, dans les greniers, dans les écuries, sous des hangars. La fureur du théâtre s'était emparée de toutes les petites classes de la société; cela se gagnait, c'était épidémique, une *influenza*, une grippe, un choléra dramatique !

Toutes les petites bouquetières abandonnaient leur comptoir pour jouer la comédie ; les grisettes, les modistes, les couturières, les cuisinières même laissaient brûler le rôt pour aller à une répétition, toutes perdaient leur temps à apprendre des rôles qu'elles ne savaient jamais. J'ai connu des maris, des pères et mères bien malheureux de voir leurs femmes, leurs fils, leurs filles, négliger leur ménage ou leur commerce, pour monter ce qu'on appelle, en style coulisses, *des parties*.

De la petite bourgeoisie, ce goût était descendu jusque chez les ouvriers. Les compagnons-serruriers, les étaliers-bouchers, les ferblantiers, les boisseliers, quittaient leurs forges, leurs étaux, leurs marteaux, pour courir chez le directeur ou le costumier ; ils perdaient souvent un ou deux jours de la semaine, sans compter l'argent qu'ils dépensaient, pour avoir le triste plaisir d'amuser à leurs dépens. Que j'ai vu de choses bouffonnes dans ces malheureux endroits !... J'ai vu des Agamemnons aux mains calleuses, des Iphigénies avec des engelures aux doigts, des Célimènes en bas troués ; j'ai vu jouer *l'Abbé de l'Épée* par un jeune homme de quinze ans, et le *Jeune Sourd-Muet* par une portière qui en avait au moins cinquante ; j'ai vu jouer *le Séducteur* par un homme qui avait deux pieds-bots (1), *le Glorieux* par un malheu-

(1) Historique.

reux dont la taille avait à peu près quatre pieds et demi, et *le Babillard* par un bègue !...

Cette fièvre dura plusieurs années ; elle était devenue inquiétante en ce sens qu'elle jeta au théâtre un grand nombre de comédiens détestables. Si l'art de la comédie est une belle et noble chose, il faut convenir qu'il est bien triste de voir des gens sans aucune éducation, sans vocation, sans avantages physiques, sans voix, sans gestes, sans tenue, venir sur une scène réciter les vers de Corneille et de Molière ; de subir des chanteurs à la voix rauque, d'entendre à chaque mot la langue outragée ! Oui, je le répète, la comédie est un art divin, sublime, entraînant ; mais il faut que ceux qui s'y livrent aient reçu du ciel, comme l'a dit le sieur Nicolas Boileau, « *l'influence secrète.* »

Autrement, ce n'est plus qu'une triste plaisanterie, une dérision, une mascarade, et mieux vaudrait n'avoir jamais vu lever un rideau de sa vie que d'assister à ces représentations qui deviennent scandaleuses.

A côté de ces choses ridicules, il y avait des théâtres bourgeois où l'on s'amusait beaucoup, et où le goût de l'art se développait souvent avec succès. Doyen, par exemple, avait fondé, dès avant la révolution, un théâtre de société qui a joui d'une grande vogue pendant près d'un demi-siècle.

Doyen avait été peintre-décorateur et ne

manquait point de talent, mais il portait le goût du théâtre jusqu'au fanatisme.

En 1795, Doyen tenait déjà un petit spectacle bourgeois, rue Notre-Dame-de-Nazareth, quartier du Temple. Cet amateur, dans sa jeunesse, avait été lié avec Molé, Fleury, Vanhove. Lorsqu'il quitta la rue Notre-Dame-de-Nazareth, il alla bâtir une nouvelle salle sur les ruines d'une chapelle attenant à l'ancien cimetière Saint-Nicolas, rue Transnonain. *Menjaud*, *Samson*, *David* y firent leurs premières armes. Ce théâtre ayant porté de l'ombrage à certains directeurs, on le fit fermer; alors on n'y joua plus la comédie qu'à huis clos.

Le nombre des artistes qui ont commencé chez Doyen est incalculable. A ceux déjà cités, ajoutons Huet, Ligier, Bocage, Cossard, Féréol, Beauvalet, Allar, Auguste, Paul, Débonnaire et Lemesnil, du Palais-Royal, qui y jouait tout jeune *Le Soldat laboureur*, en vrai grognard. Des femmes charmantes, mesdames Coelina Fabre, Dussert, Fitzelier, Brohan, Paradol, et la très jolie mademoiselle Bourbier, qui a brillé à Saint-Pétersbourg après avoir débuté à Paris...

Et Bouffé, l'acteur profond! et Arnal! Arnal! l'acteur du fou-rire!...

Après la mort de Doyen, sa salle fut démolie. Aux journées des 13 et 14 avril, la maison où elle était située servit à son tour de théâtre à un drame sanglant : un coup de feu tiré d'une fenêtre sur la troupe de ligne rendit ses habitants victimes d'une effroyable représaille. Cet évènement est trop triste et trop connu pour que j'en donne les détails ; il assombrirait mon tableau ; ma mission est de vous amuser.

Doyen a été un homme trop marquant dans l'histoire du théâtre pour que je n'essaie pas d'en donner le portrait à mes lecteurs : il était petit, trapu, et possédait d'énormes mollets ; des sourcils épais et noirs recouvraient ses paupières, son œil brillait quand on parlait comédie. Sa mise fut celle de l'ancien régime tant qu'il put la conserver ; il portait l'habit coupé à la mode de 1789, la culotte courte, les bas de soie chinés, le gilet à effilé, le jabot, les souliers à boucles et le chapeau à cornes, qu'il n'a quitté qu'en 1820, mais en désespoir de cause...; aussi le jour où il se décida à prendre le chapeau rond, il disait avec ironie et en affectant de sourire :

« Vous voyez, je fais le jeune homme ! »

Doyen avait fait de sa femme et de ses enfants des comédiens bourgeois ; il voulait que personne ne dérogeât chez lui ; tout ce qui était étranger à l'art dramatique paraissait ne pas le regarder ; il avait étudié, approfondi le glossaire du théâtre ; les mots coulisse, châssis, portants, toile, décors, rampe, répétitions, répliques, entrées, sorties, etc., lui étaient familiers; quant aux autres termes de la langue française, il s'en embarrassait fort peu, et ne s'en servait que pour les besoins matériels, les choses absolument nécessaires à la vie; il faut bien demander à manger, à boire, à dormir...; sans cela, Doyen aurait méprisé ces mots comme il méprisait tout ce qui n'avait pas de rapport avec le théâtre... Il mettait Fleury bien au dessus de Louis XIV, et Talma lui semblait plus grand que Napoléon.

On a cité beaucoup d'anecdotes sur Doyen : une scène unique dans les annales des comédies de société arriva chez lui, il y a de cela plus de trente ans. Une bouchère de la rue du Temple et une charcutière de la rue Notre-Dame-de-Nazareth voulurent essayer de monter sur les planches. Elles apprennent chacune un rôle, je ne me rappelle pas la pièce dans laquelle elles devaient jouer; tout ce que je sais, c'est qu'elles entraient toutes les deux à la première scène. C'était un dimanche; les voisins et les voisines du quartier avaient obtenu des billets gratis (dans ce temps-là on ne les vendait pas encore). Doyen frappe les trois coups d'usage; un silence profond règne dans la salle, la toile se lève; la bouchère et la charcutière entrent en scène, l'une jouait l'amoureuse et l'autre la soubrette. A peine sur le théâtre, un embarras subit s'empare de nos deux marchandes, la panique les gagne, elles restent plusieurs minutes sans parler : c'est en vain que le souffleur se démène dans son trou, nos deux comédiennes n'ouvrent point la bouche, un mutisme complet les avait saisies ; enfin l'une prend la parole, je crois que ce fut la bouchère, et le colloque suivant s'établit devant le public :

« Voyons, parlez donc, madame Dumont ! — Mais c'est à vous, madame Dupuis !.... — A moi !... vous voulez rire !... — Je vous dis que c'est à vous !... — Comme vous voudrez, madame Dupuis, mais je ne parlerai pas. (Ici le public commençait à rire.) — Mon Dieu ! disait la bouchère, je vais me trouver mal !... — Je vais avoir un étourdissement, disait l'autre... »

Et l'on entendait le bon Doyen, dans la coulisse, qui criait : « Allons donc !..... parlez donc ! c'est indécent !... » Rien ne pouvait faire dire aux deux femmes un seul mot de leur rôle... Le public, qui avait ri jusque là, se fâcha, et les sifflets se firent entendre. Alors les deux actrices se mirent à parler ensemble avec une telle volubilité que d'abord on n'entendait que des sons vagues ; mais bientôt la colère s'emparant d'elles, les gros mots arrivèrent :

« Madame, c'est affreux ! — Madame, c'est abominable ! — Madame, quand on est aussi bête que vous, on ne joue pas la comédie ! —Madame, vous êtes une impertinente!—Vous en êtes une autre! — Vous n'êtes qu'une poissarde! — Vous n'êtes qu'une harengère! »

Ici la chose allait devenir sérieuse lorsque Doyen vint séparer les deux championnes, qui se disputaient encore dans la coulisse. Doyen proposa de jouer à la place de l'ouvrage annoncé *Dupuis et Desronais*, car c'était une de ses pièces de prédilection; toutefois, après le *Philoctète* de M. de La Harpe, qu'il affectionnait par dessus tout, le rôle de *Philoctète* se prêtant merveilleusement bien à faire éclater le tonnerre de sa voix. Quand Pyrrhus lui disait :

>............ Quelle soudaine atteinte,
>Seigneur, de votre sein arrache cette plainte?
>Viens... je te suis... Ah! dieux!...
>   Que leur demandez-vous?...
>De nous ouvrir la route et de veiller sur nous!...
>Dieux!

c'était effrayant.

Doyen était la comédie vivante, le théâtre fait homme. Quand on lui citait un acteur qui avait réussi, soit à Paris, soit en province, il se haussait sur la pointe du pied, se dandinait avec un air de satisfaction, et disait en passant la main sur son front : « Je crois bien, c'est un
» de mes enfants, c'est chez moi qu'il a com-
» mencé, il ne savait ni parler ni marcher. »

Doyen a vu se renouveler chez lui deux ou trois générations de comédiens.

Son nom était répété partout où il était question de comédie. Il a été la providence du théâtre et sa mort laissa un grand vide chez les amateurs de spectacles. On ne voit pas en un siècle deux hommes semblables à Doyen.

En 1801, il existait rue Montmartre, vis à vis le passage du Saumon, un nourrisseur qui possédait une grande quantité d'ânesses; on sait que ces excellentes bêtes portent, matin et soir, leur lait bienfaisant aux personnes attaquées de la poitrine.

Dans une espèce d'étable voisine de celles où logeaient les ânesses, les vaches, les veaux, les moutons, on avait établi un petit spectacle bourgeois. Un soir que l'on donnait sur ce théâtre une représentation de l'*Iphigénie* de Racine, au moment où Agamemnon entrait en scène et disait :

> Oui, c'est Agamemnon, c'est ton roi qui t'éveille,
> Viens, reconnais la voix qui frappe ton oreille;

un détachement d'ânesses qui partaient pour se rendre chez leurs malades se mit à braire, mais d'une façon si forte et si peu en mesure, que la salle de spectacle en trembla sur sa base. Les spectateurs ne purent s'empêcher de rire ; mais voilà qu'aussitôt les veaux, les moutons, les vaches restés à l'étable, joignent leurs voix discordantes à celles des ânesses qui étaient dans la cour, si bien que, pendant un quart d'heure, on fut obligé de suspendre le spectacle ; on peut penser si le reste de la tragédie se ressentit de l'évènement ; de temps en temps on entendait le timide bêlement d'un mouton ou le mugissement triste et caverneux d'une vache ou d'un veau. Ces sortes d'accidents arrivaient souvent dans ce théâtre.

Oublier les costumiers en faisant la chronique des théâtres, ce serait faire la carte de France en sautant par dessus Paris. Il y en avait un bon nombre alors ; les principaux étaient Babin, Lamant, Nadé, Mathieu, et plusieurs autres dont les noms m'échappent.

Babin eut une grande réputation, pour les sociétés bourgeoises et les petites administrations pauvres en magasin...; il a dans tous les temps été bien assorti, et ses costumes étaient riches et variés.

Babin ne fut pas que le costumier des gens de théâtre, il fut aussi celui des gens du monde. Plus d'un solliciteur de préfectures, plus d'un coureur de recettes générales est allé chez lui louer un habit de cour pour assister au bal des Tuileries et de l'Hôtel-de-Ville, habit qui, la veille, avait été sur le dos d'un acteur bourgeois.

Mais un costumier original dont le nom est oublié depuis longtemps a joui d'une grande célébrité sous le Directoire et le Consulat ; ce brave homme s'appelait *Sarazin*, et demeurait rue Saint-Martin ou Saint-Denis en 1800, la rue ne fait rien à l'affaire. On ne manquait jamais de saluer le père Sarazin avec ces vers de Scarron...

« Sarazin,
» Mon voisin,
» Cher ami,
» Qu'à demi
» Je ne voi,
» Dont, ma foi,
» J'ai dépit, etc. »

C'était un brave homme, mais d'un comique achevé... Ses costumes n'étaient pas tous de la première fraîcheur, mais il en avait une quantité si considérable que deux immenses salles avaient peine à les contenir.

Jamais vous ne pouviez prendre ce brave homme au dépourvu, même aux jours du carnaval... Quand ses confrères manquaient de costumes, lui en avait encore à revendre, je veux dire à louer.

La bonne madame Sarazin avait toute la journée l'aiguille à la main, afin de métamorphoser les costumes ; cette bonne femme travaillait comme une fée, et faisait le contraire de Pénélope, elle défaisait le jour l'ouvrage de la nuit... car elle possédait le secret de faire et défaire les costumes à volonté, selon les exigences ou les besoins des pratiques... Elle a opéré des prodiges en ce genre... D'un manteau de Scapin elle faisait un manteau court à l'espagnol en le bordant avec un petit galon d'or... D'un habit de Cassandre elle en confectionnait un qu'elle donnait pour jouer *Turcaret*... Elle louait un habit de décrotteur à paillettes pour jouer le comte Almaviva... La robe d'Iphigénie servait à Euphémie dans les *Visitandines;* elle y faisait un rempli, et donnait une guimpe pour compléter le costume... Quant au père Sarazin, il avait réponse à tout ; lorsqu'on lui disait : Voilà un habit qui est bien frippé, bien fané... il répondait avec fierté : Diable ! vous êtes bien difficile ! M. Baptiste aîné a joué *le Glorieux* avec au théâtre du Marais... Ce qu'il y avait de comique dans ce magasin, c'est que tous les costumes y étaient jetés pêle-mêle. C'était un effroyable *capharnaüm;* il y avait des jours où les habits étaient tellement mêlés que le père Sarazin était obligé de prendre une grande fourche en bois pour les remuer...

Un soir, un jeune ouvrier qui devait jouer l'ours, dans *les Chasseurs et la Laitière*, alla chez Sarazin pour louer un costume. A force de remuer des vestes d'arlequins, des pantalons de Gilles, des manteaux de Crispins, etc., on finit par découvrir la peau de l'ours entre la veste d'*Ambroise* et le manteau de *Porsenna*.

« Tenez, dit Sarazin, prenez, jeune homme,
» c'est cette peau d'ours qui a servi au Théâtre-
» Italien quand on y a remonté la pièce de feu
» Anseaume... ; » car ce costumier modèle avait toujours une heureuse citation à faire pour se débarrasser de ses costumes ; à l'entendre, ils

avaient toujours appartenu à Brizard, à Préville, à Dugazon, à mesdemoiselles Colombe, Carline..., ou autres comédiens célèbres...

Le jeune homme prend donc de confiance la peau de l'ours, la met sous son bras, mais voyant que la tête manquait, il la demande au costumier ; on fait des recherches partout, et l'on trouve enfin une tête d'animal. Le jeune homme allait partir, lorsqu'il s'aperçoit qu'au lieu d'une tête d'ours on lui a donné une tête de loup ; il fait remarquer l'erreur, ajoutant qu'il lui est impossible de jouer ainsi le personnage dont il est chargé.... Le père Sarazin ne se démonte pas, le rassure et lui dit : « Allez, » jeune homme, allez, n'ayez pas peur ; rien » ne ressemble à un ours comme un loup.. ; » et puis, le soir, on n'y fera pas attention...; » d'ailleurs, on l'a joué vingt fois comme ça à » l'Opéra-Comique ; demandez plutôt à M. Do- » zainville ?... »

Jusqu'en 1807, le goût de la comédie bourgeoise continua de posséder les classes les plus minimes ; mais à cette époque le gouvernement, s'étant aperçu du danger qu'il y avait de tolérer plus longtemps toutes ces échoppes, où véritablement grand nombre d'honnêtes ouvriers allaient perdre leur temps et dépenser leur argent, ordonna qu'elles seraient fermées sans exception. Il y avait, il faut le dire, d'étranges abus alors ; on ne saurait croire l'argent qui se répandait dans tous les petits spectacles bourgeois de Paris. Dans de certains, on donnait quatre sous en entrant; c'était devenu une spéculation, et il fallait voir quel public et quels acteurs!.... Cela faisait trembler; c'est là qu'il y avait péril pour la société... Je ne verrais aucun inconvénient à ce que l'on tolérât quelques salles de spectacle où des jeunes gens auraient la permission de jouer pour en faire un simple amusement; mais je ne voudrais point, dans aucun cas, qu'on fît payer personne...; d'abord parce que les théâtres bourgeois où l'on paie nuisent à ceux qui sont obligés de payer des acteurs et de donner une partie de leurs recettes aux pauvres.

Lorsque Paris fut purgé de tous ces tristes réceptacles, les gens de qualité et les gens riches reprirent les habitudes de l'ancienne cour.

L'impératrice Joséphine voulut aussi jouer la comédie à Saint-Cloud, les princes et les maréchaux devaient avoir des rôles dans les grandes pièces, et le vaudeville y aurait été chanté par les dames d'honneur, les chambellans et les auditeurs au conseil d'État : le vaudeville était assez bon pour ces messieurs et ces dames.

Un soir que l'on donnait un spectacle bourgeois au château, la salle était garnie de tout ce qu'il y avait de mieux à la cour. Joséphine, qui jouait un grand rôle, parut; alors un silence approbateur remplaça les applaudissements que l'étiquette ne permettait pas de faire éclater dans un si haut lieu. Vers la fin de la pièce, au moment où Joséphine venait de déclamer une tirade qui avait produit beaucoup d'effet, un coup de sifflet se fit entendre, l'étonnement fut général. Mais, quand Joséphine voulut continuer, un second coup de sifflet plus fort que le premier partit du fond de la salle. Plusieurs personnes se levèrent pour découvrir l'irrévérent qui osait siffler l'impératrice; soudain Napoléon sortit brusquement d'une petite loge où il s'était placé pour n'être pas vu, et dit tout haut : « Il faut avouer que c'est impérialement mal joué! » Il se retira, et tout le monde garda le silence.

Lorsque Napoléon se retrouva seul avec Joséphine, il la blâma de s'être ainsi montrée en public. Joséphine lui répondit : « La reine Marie-Antoinette a bien joué la comédie à Trianon devant toute sa cour. — Elle a peut-être eu tort, » répondit Napoléon; « Louis XIV dansait lui-même dans les ballets à Versailles, mais il cessa de le faire lorsque les beaux vers de Racine lui eurent montré combien un pareil passe-temps était peu digne d'un roi. »

Je crois avoir lu quelque part qu'une aventure semblable était arrivée à Trianon lorsque l'infortunée Marie-Antoinette voulut aussi jouer la comédie.

Un soir que la reine, le comte d'Artois, le

duc de Bourbon et d'autres grands seigneurs étaient en scène, Louis XVI, qui s'était caché dans un coin de la salle, se mit à siffler très fort et dit en riant : « Voilà de bien mauvais comédiens ! »

Mais ce n'était qu'une répétition générale à laquelle assistaient seulement les intimes de la cour.

Lorsque Marie-Antoinette s'aperçut que son goût pour la comédie déplaisait à Louis XVI, elle renonça volontiers à ce plaisir, qui du reste était fort innocent. L'orage commençait à gronder... Pauvre reine !

L'archichancelier de l'empire, Cambacérès, faisait jouer la comédie chez lui ; le comte Regnaud de Saint-Jean-d'Angely avait dans sa maison de campagne, située dans l'ancienne abbaye du Val, une salle de spectacle. Mais là, ce n'étaient pas les grands seigneurs qui remplaçaient les acteurs ; ils se faisaient jouer la comédie devant eux.

Ce fut pour une fête donnée au Val que Désaugiers composa avec feu Arnault, l'auteur de *Marius à Minturnes*, *Cadet Roussel Esturgeon*, sujet tiré d'un chapitre de Lazarille de Tormes.

Arnault était un homme de beaucoup d'esprit, il se montrait grave ou gai selon la circonstance ; ses fables, qui sont charmantes, prouvent chez lui une grande flexibilité de talent, Désaugiers m'a dit souvent que l'auteur tragique, le conseiller de l'Université, avait fourni sa bonne part de collaboration dans *Cadet Roussel Esturgeon* (1). Cette folie fut jouée au Val par Potier, Brunet, Lefèvre, et l'excellente Élomire, si bonne, si vraie dans le *Départ pour Saint-Malo*. La pièce amusa beaucoup les hauts personnages qui assistaient à la fête du Val. C'était dans cette parade que l'on prenait Cadet Roussel-Brunet dans un filet, et que, le bailli Potier l'interrogeant, lui adressait gravement les questions suivantes :

« Comment vous nomme-t-on ?

— » Cadet Roussel.

— » N'avez-vous pas été merlan ?

— » Oui, monsieur le bailli, à la fontaine » des Innocents (2).

— » Où vous a-t-on pris tout à l'heure ?

— » Dans l'eau.

— » Dans quoi étiez-vous ?

— » Dans un filet.

— » Dans quoi trouve-t-on ordinairement » les poissons ?

— » Dans l'eau.

— » Avec quoi les prend-on ?

— » Avec un filet.

— » Vous avouez donc avoir été merlan à

(1) Regnaud de Saint-Jean-d'Angely n'a pas travaillé à cette pièce, ainsi qu'on l'a imprimé dans quelques journaux.

(2) *Cadet Roussel, barbier à la fontaine des Innocents*, par Aude.

» la fontaine des Innocents. On vient de vous
» pêcher dans la mer, vous étiez dans un filet. Au
» nom de la loi, je vous arrête comme poisson. »

Et Brunet répondait avec une naïveté admirable :

« C'est vrai, je suis dans mon tort. »

Et le bailli remettait gravement *l'esturgeon* entre les mains de la *maréchaussée*.

Dites s'il est possible de délirer à ce point?

M. le comte Français de Nantes, M. le conseiller d'État Duchâtel et beaucoup de notabilités impériales donnaient quelquefois chez eux des représentations théâtrales.

Une maison qui mérite un souvenir de moi, pour la manière toute bienveillante avec laquelle j'y ai été reçu dans ma jeunesse, va aussi prendre rang parmi celles où l'on donnait de charmantes fêtes.

M. Foriée, qui fut pendant vingt-cinq ans l'un des administrateurs des postes, et qui, dans l'exercice de ses fonctions, se montra constamment le père, l'ami et le protecteur de ses employés, M. Foriée recevait chez lui les hommes du monde, les gens de lettres et les artistes, Talma, Désaugiers, Moreau, Armand-Gouffé, Planard (1), Pradher, Petit, Antignac, Hapdé, Doche, etc.

(1) C'est chez M. Foriée qu'il fit jouer d'abord sa comédie de *la Nièce supposée*, qui obtint plus tard un succès mérité au Théâtre-Français.

Un théâtre que l'on avait élevé au fond du jardin servait à donner aux fêtes plus d'entrain et de gaîté. Les acteurs qui composaient la troupe du théâtre Foriée étaient les fils, filles, brus, gendres et petits-enfants de cet excellent homme. Madame Foriée, femme aimable autant que spirituelle, s'entendait à merveille à diriger l'administration ; s'il s'élevait quelques contestations au sujet d'un rôle, elle arrangeait l'affaire avec une bonté, une douceur infinie. Elle savait concilier les amours-propres, les petites prétentions, et possédait l'art de faire jouer un rôle accessoire par un premier sujet, tant elle y mettait de grace et d'adresse.

M. de Moncy, amateur distingué dont le nom a souvent retenti dans les théâtres de société, et qui, par son amour pour la comédie, mériterait le surnom de Doyen II, était l'un des premiers sujets de la troupe. M de Moncy remplissait en même temps les fonctions d'instituteur, il enseignait l'art de la déclamation tout aussi bien qu'un professeur du Conservatoire, et quand il indiquait un geste, une pause, une entrée, une sortie, on aurait cru voir Grandménil ou Baptiste aîné; c'étaient le même zèle et la même gravité. M. de Moncy jouait lui-même fort bien la comédie.

De temps en temps, de vrais comédiens étaient appelés, rue Pigalle, afin d'entretenir le feu sacré et le goût des bonnes traditions. Laporte, Chapelle, Fontenay, madame Hervey y ont joué plusieurs fois à côté de la troupe bourgeoise, et Musson, le mystificateur, y donnait des scènes de proverbes.

Les soirées les plus brillantes étaient celles qui avaient lieu pour les fêtes de M. et madame Foriée : ces jours-là, rien n'était épargné, pièce de circonstance, comédie en trois actes, en vers, divertissement, proverbes, romances ; l'affiche bourgeoise ressemblait à celles de nos théâtres de Paris pour les représentations à bénéfice.

En 1811, Hapdé et moi, nous improvisâmes un petit acte en couplets pour la fête de M. Foriée; cette pièce s'appelait *la Saint-Pierre en paradis*.

Une société nombreuse et brillante remplissait la salle; on y remarquait M. Gaudin (duc de Gaëte), l'un des hommes honorables de l'empire, M. le comte de La Valette, directeur des postes, madame la comtesse de La Valette, ce modèle d'héroïsme conjugal, cette femme si douloureusement historique; M. de Bourrienne, M. Legrand des finances, M. Legrand des droits réunis, madame Hévin, le général Suguy, le vieux et brave maréchal Kellermann, le général Hévin et le spirituel abbé Maury. Or, nous avions mis en scène, sous le voile de l'allégorie, quelques uns des saints du martyrologe.

Dans une scène, sainte Cécile, la patronne des musiciens, invoquait le ciel, pour qu'il lui donnât l'esprit et les talents nécessaires pour bien chanter saint Pierre.

Une jeune et jolie femme qui représentait le personnage de sainte Cécile faisait une invocation en musique. Mais ne voilà-t-il pas qu'en voyant que sa prière avait été entendue, au lieu de dire : « Voilà une colombe qui descend » sur l'autel, » elle s'écrie naïvement : « Tiens, » voilà le Saint-Esprit qui traverse le théâtre. »

A ces mots, tous les spectateurs se prirent d'un grand éclat de rire, et le cardinal partagea l'hilarité générale !

Après le spectacle, on rentra au salon, et l'abbé Maury dit en souriant aux auteurs : « Messieurs, votre comédie n'est pas très orthodoxe, mais la bonne intention vous absout. »

Après avoir parlé des théâtres, parlons un peu des comédiens de société ; ils ont tous une physionomie à part, chacun d'eux est type dans son genre. J'emprunte à M. Roger de Beauvoir les portraits suivants :

« Le comédien de société est pour l'ordinaire
» un garçon d'un âge raisonnable, voué par ca-
» price ou par profit personnel aux tribulations
» sans nombre de la comédie de société, mais
» aussi rêvant à l'avance ses couronnes, épa-
» noui, radieux, quand le grand jour vient, et
» se placardant de rouge, tant la joie l'étourdit.
» Dans le monde, le comédien de société ne dit

» pas grand'chose, il se réserve, il se ménage
» comme un groom qui doit courir à Chantilly.

» D'habitude encore, il a soin d'être pourvu
» de tous ses membres, il conserve l'élasticité
» de ses muscles, et ne se permet pas de porter
» trop tôt des besicles. Il a sur une table de sa
» chambre plusieurs pièces passablement vieilles
» et maculées qu'il a achetées chez Barba, et
» dont les interlignes sont remplies au crayon
» par des indications de sa façon, comme : Ici
» Monrose se lève, ou bien, ici Bouffé se
» mouche; ou bien encore : ici Lepeintre
» jeune fait pouaf!... Ces précautions béo-
» tiennes lui paraissent une sauvegarde contre
» la critique : aussi est-on sûr de le voir se le-
» ver comme Monrose, se moucher comme
» Bouffé, et faire pouaf comme le gros Lepeintre
» jeune; s'il est marié, sa femme lui fait répéter
» son emploi; garçon, il fait monter, le di-
» manche au soir, sa portière, lui donne une
» chaise dans son salon, et lui répète son rôle.

» Le type du comédien de société varie, du
» reste, selon l'occurrence : il y a le comédien
» sérieux, le comédien jovial, le comédien din-
» don; ce dernier, dont nous parlerons peu,
» remplit indistinctement les rôles de père
» noble et d'amoureux.

» Le comédien sérieux, au contraire, est le
» plus souvent un homme qui a vu Fleury ou qui
» cherche à imiter Fleury; il va, le dimanche,

» aux Français quand M. Périer joue, et prend
» du tabac dans la boîte de M. Dumilâtre le
» professeur.

» Tout au rebours des deux autres, le comé-
» dien jovial sait par cœur les chansons pros-
» crites et inédites de Béranger ; il connaît tous
» les vaudevillistes, il écrit à Lepeintre aîné :
« Mon cher ami, » et à mademoiselle Déjazet :
« Ma chère camarade. » C'est un petit homme
» court, joufflu, mangeant beaucoup aux sou-
» pers qui suivent le spectacle, ingurgitant le
» vin de Champagne avec autant de facilité
» qu'un commis-voyageur, et n'ayant aucune
» idée de miss Fanny Kemble ni de Macréadi.
» Le comédien jovial est ordinairement un offi-
» cier de chasseurs retiré du service, parce
» qu'il a pris du ventre, ou bien un sous-chef
» des finances qui veut se distraire ; sa grande
» idée, c'est de copier, avant tout, Bernard-
» Léon. »

J'ajouterai une silhouette de mon cru aux piquants portraits que je viens de citer.

J'ai vu autrefois un amateur de comédie bourgeoise qui a vécu quinze ans sur une douzaine de rôles ; sa mémoire, dure ou paresseuse, ne lui ayant pas permis d'en apprendre davantage ; cet amateur tenait tous les emplois. Son répertoire se composait, quant au tragique, de Théramène dans *Phèdre*, et de Golo dans *Geneviève de Brabant* ; il savait Belton de *la Jeune*

Indienne, Dormilly des *Fausses Infidélités*, et Deschamps des *Étourdis*. Dans le vaudeville il avait appris trois pièces, *Amour et Mystère*, *le Chaudronnier de Saint-Flour* et *le Billet de logement*. Avec cela il exploitait Paris et toutes les campagnes environnantes, où il allait coucher tous les samedis, et d'où il ne revenait que le lundi matin, après déjeûner bien entendu, pour l'heure de son bureau.

Rien n'était plaisant comme de le voir assister à une distribution de rôles. Lorsqu'on proposait de monter des nouveautés, sa figure prenait une expression qu'il serait difficile de peindre; il trouvait toujours des prétextes pour défaire les spectacles qui contrariaient son répertoire courant. Voulait-on jouer une tragédie moderne, comme *les Vêpres siciliennes*, il faisait observer que l'exiguité de la scène, le besoin de comparses, ou l'absence d'une grande décoration nuiraient à l'effet, et alors il ne manquait jamais de vous dire : « Que ne prenez-vous, soit *Phèdre*, soit *Geneviève de Brabant?* Que si l'on mettait sur le tapis *le Mariage de Figaro*, le grand nombre de personnages ne permettait pas d'y penser, et puis les entr'actes auraient été beaucoup trop longs; aussitôt il jetait en avant *la Jeune Indienne*, ou *les Fausses Infidélités*. S'agissait-il d'un vaudeville et proposait-on *Fanchon la Vielleuse*, oh ! alors, c'était une pièce trop difficile à mettre en scène, et dans laquelle il y avait trop de chant. Prenez, disait-il, de petits actes, prenez *le Billet de Logement*, ou *Amour et Mystère*, ou *le Chaudronnier de Saint-Flour;* mon petit bon-homme est charmant dans le rôle du Petit-Jacques.

Il avait tant dit de fois et à tant de monde : Prenez *Geneviève de Brabant*, prenez *les Fausses Infidélités*, prenez *Amour et Mystère*..., que sur les derniers temps on ne l'appelait plus que *Prenez mon ours*.

Cet amateur s'est retiré du théâtre à cinquante ans, après avoir mené assez bonne vie, avoir eu, sans être propriétaire, maison de ville et maison de campagne. Ce type doit encore exister.., il est trop dans la nature pour s'être perdu dans le mouvement progressif..; il est des choses qui n'avancent ni ne reculent, et certains comédiens de société sont du nombre de ces choses-là.

M. Mennechet a publié, dans *les Cent et un*, un article sur les théâtres de société, article rempli d'esprit, de vérité, d'observations fines et délicates..; s'il peint l'embarras de former un spectacle, voici comment il s'exprime :

« On s'occupe d'abord du choix des pièces..,
» et comme la maîtresse de la maison a une
» jolie voix et prend des leçons de Benderali,
» on se décide pour le vaudeville..; mais quel
» vaudeville ?..... On n'en manque pas,
» cherchons :

» — *La Visite à Bedlam.* Non pas, dit une
» dame, j'ai mon mari à Charenton, et cette
» pièce me le rappellerait...

» — *Le Secrétaire et le Cuisinier...*

» — Vous n'y pensez pas!... s'écrie tout bas
» un jeune homme, ce gros intendant militaire
» qui joue là bas au whist a porté autrefois le
» bonnet de coton, et ce serait une personna-
» lité!...

» — Eh bien, *le Diplomate...*

» — Je m'y oppose!... dit une vieille dame,
» mon petit-fils est troisième secrétaire d'am-
» bassade à Copenhague, et je ne sais pas véri-
» tablement comment M. Scribe ose se per-
» mettre de tourner la diplomatie en ridicule. »

À cette heureuse citation ajoutons-en une autre
également empruntée à M. Mennechet; celle-ci
est d'une observation d'autant plus vraie qu'on la
retrouve partout dans les hautes comme dans
les basses régions de la société.

« A la comédie sur le théâtre, succède la co-
» médie dans la salle; il n'est pas de compli-
» ments, pas d'éloges, pas de flatteries qu'on
» ne jette à la tête des acteurs, qui finissent
» par en être embarrassés, on n'entend plus
» que ces mots:

« — Comme un ange!...

» C'est un terme convenu, la formule obli-
» gée; comme un ange! se dit et se répète à
» tous sans distinction...; comme un ange! su-

» bit tous les tons et toutes les inflexions de
» l'accent laudatif, et il n'est pas jusqu'au souf-
» fleur qui ne reçoive son comme un ange!... »

Il paraît qu'à une certaine époque le démon de la comédie avait gagné les chaumières comme les châteaux; l'abbé Delille, dans son poème de *l'Homme des champs*, trace aussi le tableau des théâtres bourgeois à la campagne; je cite ses vers parce qu'ils sont charmants et qu'ils renferment des traits d'observation d'une exquise délicatesse, mais je n'en admets pas dans tout le rigorisme :

Cependant, pour charmer ses champêtres loisirs,
La plus belle retraite a besoin de plaisirs.
Choisissons : mais d'abord n'ayons pas la folie
De transporter aux champs Melpomène et Thalie.
Non qu'au séjour des dieux j'interdise ces jeux,
Cette pompe convient à leurs châteaux pompeux;
Mais sous nos simples toits ces scènes théâtrales
Gâtent le doux plaisir des scènes pastorales :
Avec l'art des cités arrive leur vain bruit,
L'étalage se montre, et la gaîté s'enfuit;
Puis quelquefois les mœurs se sentent des coulisses,
Et souvent le boudoir y choisit ses actrices.
Joignez-y ce tracas de sotte vanité
Et les haines naissant de la rivalité;
C'est à qui sera jeune, amant, prince ou princesse,
Et la troupe est souvent un beau sujet de pièce.
Vous dirai-je l'oubli de soins plus importans,
Les devoirs immolés à de vains passe-temps?
Tel néglige ses fils pour mieux jouer les pères;
Je vois une Mérope et ne vois point de mères;
L'homme fait place au mime, et le sage au bouffon;
Néron, bourreau de Rome, en était l'histrion,

Tant l'homme se corrompt alors qu'il se déplace.
Laissez donc à Molé, cet acteur plein de grace,
Aux Fleurys, aux Sainvals, ces artistes chéris,
L'art d'embellir la scène et de charmer Paris;
Charmer est leur devoir : vous, pour qu'on vous estime,
Soyez l'homme des champs; votre rôle est sublime.

Après 1814, on toléra quelques sociétés bourgeoises, ainsi que je l'ai dit. Dans le foyer de l'ancienne salle de la Cité, il existe un joli petit théâtre, mais l'autorité fit défense d'y jouer. M. Gromaire, ancien machiniste de l'Opéra, a bâti, rue Chantereine, une salle assez jolie dans laquelle des amateurs donnent quelquefois des représentations.

En 1832, un nommé Génart a établi aussi un théâtre, rue de Lancry : c'est là que mademoiselle Plessis commença à attirer l'attention publique sur ses talents précoces; elle ne s'est pas arrêtée en route, cette charmante petite actrice, de chez M. Génart; elle s'en est allée tout droit à la Comédie-Française; elle venait de jouer sur la scène de la rue de Lancry *la Fille d'honneur* et *l'Hôtel garni*, et quelques jours après les mêmes rôles étaient représentés par elle, rue de Richelieu, sur la scène de Molière.., de Corneille.., de Talma.., de Mlle Mars...

De pareils exemples sont rares à la vérité; ils prouvent cependant l'utilité de quelques salles bourgeoises à Paris..; mais il faudrait y mettre beaucoup de réserve..; car l'abus serait aussi dangereux que la proscription totale serait injuste...

Si les Romains disaient *Panem et circenses*, les Parisiens depuis longtemps ont pris la même devise. Jamais, peut-être, le peuple de Paris n'a autant aimé le spectacle qu'aujourd'hui ; seulement, ce n'est plus lui qui est acteur, comme sous le Consulat et l'Empire ; le peuple est devenu spectateur, il paie sa place, mais avec des billets à moitié prix ; la comédie au rabais a réveillé le goût du spectacle chez les classes inférieures de la société, chez les artisans et les ouvriers. Du reste, j'aime mieux voir le peuple aller à la comédie que de la lui voir jouer lui-même ; il y gagne le temps qu'il perdrait.

A l'heure qu'il est, vingt théâtres à Paris et une demi-douzaine dans la banlieue suffisent à peine à la consommation. De tous temps, le goût du théâtre a été plus prononcé chez les femmes que chez les hommes ; les modistes, les plumassières, les couturières se rebutent facilement, mais les filles de portières sont les seules que rien n'ait pu décourager. Elles ont toutes une soif de célébrité, elles rêvent toutes la destinée des Mars, des Dorval, des Prévost, des Jenny Colon, des Taglioni, des Essler..; sur vingt filles de portières vous en compterez au moins quinze qui vont au Conservatoire, les unes avec un solfége sous le bras, les autres à l'école de danse, avec des chaussons dans leurs cabas.... La fille de portière veut être actrice quand même...

On vient de voir que le goût de la comédie, qui s'était emparé des grands seigneurs avant la révolution, est descendu plus tard chez la bourgeoisie et le peuple. Puis le peuple, à son tour, ayant renoncé, pour son compte, à cet amusement, les gens haut placés semblent depuis quelques années vouloir reprendre un genre de plaisir qu'ils avaient oublié depuis longtemps.

Déjà, sous la restauration, M. le duc de Maillé avait fait jouer la comédie à son château de Lormois; on y représentait le grand répertoire, et Molière lui-même y trouvait des interprètes. M. le duc de Maillé, le marquis de Seignelay, le comte de Thermes, le comte Alfred de Maussion, s'unissaient aux gens de lettres et aux artistes. Rien n'établit l'intimité comme le théâtre : les lectures, les répétitions égalisent les rangs....; on devient *camarades;* pourquoi pas avec des nobles, gens de cœur et gens d'esprit?... Dans la salle de Lormois plusieurs grandes dames se faisaient remarquer par leurs graces, leurs manières, leurs talents : c'étaient mesdames la duchesse de Maillé, la comtesse d'Audenarde et la marquise de Crillon ; la première jouait les grands rôles sans dédaigner de descendre aux soubrettes, et la seconde représentait *la Somnambule*, de MM. Scribe et Germain Delavigne, de manière à rappeler une ravissante actrice morte si jeune et si comédienne, madame Perrin. Parmi les comédiens de société, M. Mennechet doit occuper l'un des premiers rangs ; ce spirituel amateur a joué *Tartufe* avec un talent capable de réjouir l'ombre du grand maître, et plus d'un comédien exercé ne s'en tire pas toujours avec autant de tact et de bonheur que M. Mennechet ; c'est qu'il faut sentir et comprendre Molière pour le bien dire, et c'est une faveur qui n'est pas donnée à tout le monde.

Il arrivait encore que les meilleurs acteurs de la Comédie-Française étaient souvent invités à concourir à l'ensemble de ces représentations: Lafon, Cartigny y vinrent souvent, et ces artistes étaient aussi bien placés au salon qu'au théâtre.

Deux princesses, deux femmes que le malheur ne se lasse pas de poursuivre, et auxquelles se rattachent tant de grandes et généreuses idées.., honoraient de leur présence la comédie de M. le duc de Maillé ; elles ont souvent accordé leurs suffrages aux nobles comédiens ainsi qu'aux artistes qui ajoutaient aux charmes de ces représentations.

Un autre théâtre de société, le théâtre du château du Marais, chez madame de la Briche, a laissé aussi de charmants souvenirs.

Un théâtre de vaudeville a de même jeté beaucoup d'éclat sous la restauration ; c'était celui que madame la baronne de la Bouillerie avait établi chez elle. MM. Dorvilliers, Mennechet, Robert, directeur des Bouffes, Sauvage, en étaient les premiers sujets ; la baronne d'Egvilly et madame Orfila y tenaient la place la plus distinguée.

Royaumont possède aussi un théâtre bourgeois que M. le marquis de Bellissen a fait construire dans son château..; là, c'est le grandiose du genre ; l'opéra, la comédie, le vaudeville n'y sont pas admis, mais bien l'opéra italien, chanté comme aux Bouffes, avec des chœurs, un orchestre nombreux ; on y a applaudi l'été dernier, et avec justice, *les Puritains* de Bellini; la suave musique du jeune maëstro, enlevé si jeune à l'art musical, a produit beaucoup d'effet. Une jeune et jolie femme, madame Desforges, épouse du fécond vaudevilliste, s'y est fait remarquer pour la manière dont elle a chanté cette délicieuse composition. MM. de Bordesoulle et Panelle sont les Tamburini et les Lablache de ce second Opéra-Buffa.

Mais voici qu'en 1835, un noble personnage, M. le comte de Castellane, voulut rendre aux soirées de l'ancien régime toutes leurs pompes et toutes leurs joies... Il commença d'abord par faire jouer la comédie dans une galerie où se dressait une scène étroite, masquée par deux magnifiques colonnes. Aujourd'hui, il ne manquera plus rien au théâtre bourgois; la galerie aux deux colonnes est devenue le foyer d'une salle spacieuse qui peut contenir environ quatre cents personnes commodément placées; quelques plafonds un peu nus d'ornements ont été enrichis de dorures, d'arabesques, de médaillons, et rien n'est comparable à cette triple galerie de peinture, lorsque les candelabres, chargés de bougies viennent en rehausser l'éclat et faire ressortir les brillantes parures des dames invitées.

Autrefois les théâtres de société négligeaient un peu les décorations et les costumes; aujourd'hui, tout suit le mouvement, tout est complet; on ne simule plus les coulisses avec des paravents, on ne fait plus des arbres en papier découpé, tout est vrai, tout est riche dans nos comédies bourgeoises.

Le théâtre de M. de Castellane ne diffère en rien de ceux de la capitale.

Cicéri a apporté dans les décorations tous les charmes de son talent, et dans l'espace étroit qui lui était accordé il a su produire une illusion digne du grand Opéra.

C'est Huzel qui est chargé de remplacer Babin comme fournisseur de costumes. Il apporte, à chaque représentation, ses habits de marquis, ses boîtes à mouches, ses dominos chauves-souris, ses poignards moyen-âge, ses sarbacanes, ses robes de chambre de pères nobles, dignes sœurs des redingotes fashionables de nos vieux jeunes dandys.

L'hôtel de M. de Castellane, à Paris, est le séjour de la féerie, du goût et des plaisirs délicats; le noble comte veille à tout, préside à tout avec une urbanité, une politesse, une fleur de vieille chevalerie qui contraste furieusement avec le laisser-aller et le sans-gêne du temps où nous vivons.

On a beau dire..., la politesse ne gâte rien.

Le théâtre de M. de Castellane possède deux troupes : l'une sous la direction de madame Sophie Gay, qui joint au talent de faire de charmantes comédies celui d'y figurer ensuite comme actrice, de manière à nous rappeler que nos plus grands comédiens ont été aussi d'excellents auteurs; l'autre troupe était confiée à madame la duchesse d'Abrantès, avant la mort récente de cette femme si spirituelle qui a occupé un si haut rang sous l'empire, et que le noble goût des arts, la culture des lettres, ont consolée dans les malheurs qui assaillirent les derniers temps de sa vie. Le théâtre Castellane ne se borne pas à représenter des ouvrages déjà joués, il monte des pièces nouvelles (1), des

(1) On y a représenté une jolie comédie en vers, de L. Vanderburch, intitulée *les Amis du Ministre*, dans laquelle lui et sa femme ont rempli des rôles, et au moment où nous écrivons on y répète une charmante comédie de madame Gay dont le sujet est un trait de la vie de Henri IV.

comédies, des opéras... Au moins là les acteurs n'ont pas à craindre de points de comparaison, ils peuvent être eux... ils peuvent créer... et qui sait si, quand un ouvrage passera de l'hôtel Castellane au Théâtre-Français ou à l'Opéra-Comique, qui sait, dis-je, si les vrais acteurs n'iront pas chercher d'heureuses traditions chez les comédiens bourgeois?..... pourquoi pas?..... on peut tout voir aujourd'hui!...

MM. les comtes d'Adhémar, de Grabowski, MM. Mennechet, de Cuchetet, Sauvage, Panelle, se surpassent les uns les autres pour leur bon goût, leur tact, leur entente de la scène...; c'est vraiment miraculeux!... Mademoiselle Lambert, charmante ingénue, s'y est fait remarquer, dans *Michel et Christine*, de manière à enlever tous les suffrages.

Puisque nous voilà encore une fois revenus au temps où les personnes de distinction se livraient aux jeux de la scène, félicitons-les de cette heureuse idée, et fasse le ciel que jamais aucun orage politique ne fasse, comme en 1789, fermer ces jolies salles de spectacle qui embellissent et donnent la vie à nos hôtels de Paris et à nos brillants châteaux de la Touraine et de l'Anjou.

C'est un noble plaisir que celui de la comédie!... c'est à Molière que nous le devons....... Le grand peintre a tout fait, tout dit, tout résumé dans ses œuvres impérissables...; avant lui est-ce qu'on pensait?... est-ce qu'on parlait sur une scène ?.....

La comédie n'est venue au monde qu'en 1620, sous les piliers des halles, et son père est mort, à un troisième étage, rue de Richelieu, en 1673, dans les bras de deux sœurs de la Charité!

Aussi, moi, partout où le nom du comédien se prononce, partout où je vois un théâtre, des coulisses, un rideau qui se lève, je me sens saisi, je me découvre avec respect. Il me semble toujours que je vais voir paraître le fils du tapissier Poquelin, Molière valet de chambre du grand roi... Molière qui régnait à côté de Louis XIV sans que Sa Majesté s'en effrayât.....

C'est une belle royauté que celle du génie!...

THÉATRES DE PARIS

A DIFFÉRENTES ÉPOQUES.

Les premiers chefs d'œuvre de Corneille ont été joués à Paris sur le théâtre construit près du Palais-Royal par le cardinal de Richelieu, et c'est cette même salle que Louis XIV donna à Molière et à sa troupe; elle l'occupa jusqu'à la mort de Molière, arrivée en 1673; alors la salle du Palais-Royal fut consacrée à l'Opéra, dont Lulli avait obtenu le privilége ; l'Opéra y resta jusqu'en 1781.

La troupe Molière avait pour rivaux le théâtre du Marais, situé vieille rue du Temple, et celui de l'hôtel de Bourgogne, dans la rue Mauconseil ; il y avait donc alors à Paris trois théâtres où l'on jouait la tragédie et la comédie.

Lorsque Lulli obtint la salle du Palais-Royal, la troupe de comédiens qui l'occupait s'établit d'abord dans la rue Guénégaud, et plus tard, en 1688, elle alla dans la rue des Fossés-Saint-Germain-des-Prés, presque vis à vis l'endroit où l'on voit aujourd'hui le café Procope, si célèbre par ses querelles littéraires et les auteurs qui le fréquentaient. Piis, dans une chanson en quarante couplets qu'il composa à la gloire du café, n'a pas oublié l'ancien café de la vieille Comédie-Française :

> Quand Boindain, par trop impie,
> Avait bien médit du ciel,
> Quand Piron, contre Olympie,
> Avait bien vomi son fiel,
> Quand Rousseau le misanthrope
> Avait bien philosophé,
> « Çà, messieurs, disait Procope,
> Prenez donc votre café ! »

La troupe du Marais et celle de l'hôtel de Bourgogne se réunirent bientôt à la troupe de Molière, rue des Fossés-Saint-Germain-des-Prés, et c'est là que la Comédie-Française est restée jusqu'en 1770 ; c'est pourquoi cette rue est encore appelée aujourd'hui par de vieux amateurs la rue de la Comédie-Française.

Il y avait, en outre de cela, dans la capitale, une troupe italienne qui occupait l'hôtel de Bourgogne. On ne comptait donc encore alors à Paris que trois théâtres : la Comédie-Française, l'Opéra et les Italiens, indépendamment des spectacles de la foire Saint-Germain, Saint-Laurent, d'où sortit plus tard l'Opéra-Comique, qui fut réuni à la Comédie-Italienne en 1750.

En 1791, la liberté complète du théâtre ayant été proclamée, il s'en établit un nombre prodigieux ; il est même remarquable qu'en 1791 et dans les années suivantes, au moment où la fièvre politique dévorait si fort la nation, ce nombre ait été aussi considérable ; on en comptait alors cinquante et un, tant grands que petits ; le dénombrement en est assez curieux.

Théâtres de Paris en 1794 et 1795.

On peut comparer le nombre des théâtres qui existaient alors avec leur nombre en 1738, que l'on trouve cependant considérable.

Dès que la liberté complète des théâtres eut été proclamée en 1791, il s'en éleva, à Paris, cinquante et un. En voici la liste :

J'ai marqué d'un *astérisque* les noms de ceux qui ont été incendiés, démolis ou fermés.

Concert spirituel et Théâtre de Monsieur, rue Feydeau. *

Théâtre de l'Opéra, boulevart à côté de la porte Saint-Martin. Cette salle fut construite pour recevoir l'Opéra, qui, le 8 avril 1781, devint la proie des flammes une seconde fois, et le 5 octobre de la même année, l'Opéra s'ouvrit à la porte Saint-Martin, la salle ayant été construite en soixante-quinze jours.

Théâtre-Italien, entre les rues de Savoie et Marivaux. *

Théâtre de Louvois, rue de Louvois. *

Théâtre Comique et Lyrique, rue de Bondy. *

Théâtre Montansier, au Palais-Royal.

Théâtre de la Nation, faubourg Saint-Germain, sur l'emplacement de l'Odéon ; incendié deux fois et rebâti deux fois.

Théâtre des Variétés, rue de Richelieu. (Aujourd'hui Théâtre-Français.)

Théâtre du Marais, rue Culture-Sainte-Catherine. *

Théâtre de Molière, rue Saint-Martin. *

Théâtre d'Émulation, rue Notre-Dame-de-Nazareth. *

Théâtre de la Concorde, rue du Renard-Saint-Méry. *

Théâtre des Muses ou de l'Estrapade, près du Panthéon. *

Théâtre du Mont-Parnasse, sur le boulevart neuf.

Théâtre du Vaudeville, rue de Chartres. * (Alors en construction.)

Théâtre de Henri IV, vis à vis le Palais de Justice. (Depuis Théâtre de la Cité.)*

Théâtre d'Audinot ou de l'Ambigu-Comique, boulevart du Temple. *

Théâtre des Délassements, *idem.* *

Théâtre Patriotique, *idem.* C'était celui des Associés, tenu par Sallé, aujourd'hui par madame Saqui.

Théâtre des Élèves de Thalie, *idem.* *

Théâtre de Nicolet, *grand danseur du roi*, *idem.* *

Théâtre des Petits Comédiens français, *idem.**

Théâtre du Lycée-Dramatique, *idem.* *

Théâtre du café Yon, *idem.* *

Théâtre du café Godet, *idem.* *

Théâtre de Liberté, à la Foire St-Germain. *

Théâtre du Vauxhall, boulevart St-Martin. *

Théâtre du Cirque, au Palais-Royal. *

Théâtre des Variétés comiques et lyriques, à la Foire Saint-Germain. *

Théâtre des Ombres chinoises, Palais-Royal.

Théâtre du sieur Moreau, *idem.* *

Théâtre de Thalie ou théâtre Mareux ou de Saint-Antoine, rue Saint-Antoine. *

Deux théâtres en bois, place Louis XV. *

Théâtre du café Guillaume. *

Théâtre de la rue des Martyrs. *

Cirque d'Astley, faubourg du Temple. *

Théâtre des Amis de la Patrie. *

Théâtre de la Gaîté. (Ce devait être celui de Nicolet qui avait pris ce nom à l'époque de la révolution.)

Théâtre de la Cité. (Le même que celui de Henri IV.)*

Théâtre du Lycée des Arts. (Le même que celui du Cirque, au Palais-Royal.)*

Théâtre des Sans-Culottes. (Rue St-Martin, le même que celui de Molière.)*

Théâtre de la rue Antoine. *

Théâtre de Mareux. (Déjà cité.)*

Théâtre des Jeunes Artistes. (Le même que celui de la rue de Lancry.)*

Théâtre des Jeunes Élèves, rue de Thionville.*

Théâtre de la rue du Bac. *

Théâtres des Troubadours et des Victoires nationales, rue Chantereine. *

Théâtre de Doyen, alors rue Notre-Dame-de-Nazareth. *

Théâtre de la rue Nazareth. (Sans doute le même.) *

Théâtre de la rue du Renard-St-Méry. *

Il n'existait pas tout à fait cinquante et un théâtres, puisque l'on voit que plusieurs changeaient de nom selon les évènements politiques; mais le chiffre n'en est pas moins considérable, en comparaison de celui d'aujourd'ui, car il y en avait peut-être encore d'autres, dont les noms se sont perdus.

Donnons maintenant la liste des théâtres qui existaient à Paris en 1807, avant le décret impérial :

L'Opéra.
Le Théâtre-Français.
Feydeau.
Favart (fermé).
Louvois.
Odéon (fermé).
Le Vaudeville.
Le Théâtre de la Porte-Saint-Martin.
Montansier (au boulevart Montmartre).
L'Ambigu.
La Gaîté.
Théâtre Sans-Prétention.
Molière.
La Cité.
Le Boudoir des Muses.
Le Marais.
Les Jeunes Élèves.
Les Jeunes Artistes.
Les Nouveaux Troubadours (boulevart du Temple).
Les Jeunes Comédiens (Jardin des Capucines).
Le Cirque-Olympique.
Le Théâtre de la Victoire (rue Chantereine).
Théâtre de la rue du Bac.
Théâtre Mareux, rue Saint-Antoine.

Théâtre du Panthéon, à l'Estrapade.
Théâtre de l'hôtel des Fermes, rue de Grenelle-Saint-Honoré.
Théâtre de la Jeune Malaga, boulevart du Temple.
Ombres chinoises.
Total, vingt-huit salles de spectacle.

Théâtres autorisés par le décret impérial de 1807.

L'Opéra.
Les Français.
Feydeau.
L'Odéon.
Les Italiens (comme annexe de Feydeau).
Opéra buffa et seria.
Le Vaudeville.
Les Variétés, boulevart Montmartre.
L'Ambigu.
La Gaîté.
Et quelques parades au boulevart du Temple.
Total, dix.
Voici maintenant le nombre des théâtres à Paris, depuis 1814 jusqu'à ce jour :
Le grand Opéra.
L'Opéra-Buffa (à Favart, incendié en 1838).
L'Opéra-Comique.
La Salle Ventadour.

L'Odéon.
Le Gymnase.
Le Vaudeville.
Les Variétés.
La Porte Saint-Martin.
La Gaîté.
L'Ambigu.
Le Palais-Royal.
Le Cirque-Olympique.
Le Panorama-Dramatique (démoli).
Les Folies-Dramatiques.
Le Panthéon.
La Porte Saint-Antoine.
Le théâtre de Comte.
Le Gymnase Enfantin.
Le théâtre de madame Saqui.
Les Funambules.
Le petit Lazzari.
Bobineau.
Les Ombres chinoises.
Belleville.
Montmartre.
Mont-Parnasse.
Ranelagh.
Ombres chinoises.
Un nouveau Café-Spectacle à côté du Gymnase.
      Total, trente.
Un privilége est accordé pour un théâtre rue aint-Marcel.
Cela prouve que le théâtre est devenu pour

nous une nécessité, puisque, malgré les faillites, les incendies, les décrets, les ordonnances, le nombre des spectacles est presque toujours le même depuis cinquante ans.

Jamais les théâtres, à Paris, n'ont été plus courus qu'aux jours néfastes ; pendant la Terreur et la disette, les salles étaient toujours combles, ce qui faisait chanter dans un vaudeville, aux *Jeunes Artistes* :

> Les Romains s'estimaient heureux
> Avec du pain et des théâtres,
> On a vu les Français joyeux
> S'en montrer bien plus idolâtres.
> N'a-t-on pas vu ce peuple, enfin,
> Subsistant comme par miracle...
> Pendant le jour mourir de faim,
> Et le soir courir au spectacle ?

Pour compléter ce tableau vivant de tous les théâtres de Paris où l'on chante le vaudeville, nous avons cru devoir ajouter ici un autre tableau non moins piquant dû à la plume du spirituel auteur de ces chroniques. Des théâtres où l'on chante aux sociétés chantantes, il n'y a, comme on dit vulgairement, que la main (1).

(1) Extrait du *livre des Cent et un.*

LES SOCIÉTÉS CHANTANTES.

En France, on a toujours chanté, et l'on chantera toujours, parce que le caractère distinctif de la nation est la gaîté, qui va trop souvent jusqu'à l'insouciance.

La chanson rend meilleur, elle dispose à la bonté, à l'indulgence; il est rare que l'homme qui chante pense à mal faire. Un magistrat, enlevé trop tôt au barreau et aux lettres, Frédéric Bourguignon, a dit dans un fort joli couplet :

> Le penchant
> Du chant
> Jamais du méchant
> N'a calmé l'insomnie;
> Avec nos accords,
> Le cri du remords
> N'est pas en harmonie.

En traçant cette notice, je n'ai pas la prétention de faire ce qu'on appelle une histoire raisonnée de *la chanson* ; cela demanderait des développements et un travail qui ne pourraient trouver place dans ce livre.

Je laisse à des talents d'un ordre plus élevé, à des plumes plus exercées que la mienne, le soin de fouiller les vieilles chroniques, de prendre *la chanson* à son berceau, depuis le guerrier scalde, qui s'écriait sur le champ de bataille : *Corbeaux, voici votre pâture ; nos ennemis sont morts : remerciez-moi, venez, voici votre pâture!..* jusqu'aux soldats de la république, qui chantaient, pieds nus et mourant de faim : *Veillons au salut de l'empire,* sans se douter que l'empire allait bientôt dévorer la république.

Voulant ne m'occuper que de l'influence de *la chanson* dans les temps modernes, je ne parlerai pas des anciens cantiques ; le plus connu, comme le plus ridicule, est celui que le peuple chantait tous les ans à la fête de l'âne, car l'âne avait sa fête chez nous.

Je ne parlerai pas non plus d'Olivier Basselin,

ce père du vaudeville. Je nommerai, pour mémoire seulement, Gauthier Garguille, comédien du treizième siècle ; Guillaume Michel, audiencier à Paris ; le *Savoyard*, qui chantait à la suite d'un marchand d'orviétan, et dont Boileau a dit, en parlant des poésies de Neuf-Germain et de La Serre :

> Et dans un coin relégués à l'écart,
> Servir de second tome aux airs du Savoyard.

Je pourrais parler des fameux Noëls Bourguignons, du sieur de La Monnaie, receveur des tailles de Dijon, ainsi que d'une foule de chansonniers de la même époque, et d'autres qui leur sont antérieurs.

De tout temps le peuple a été moqueur. N'était-il pas le même qu'aujourd'hui, quand il allait sous le balcon de Charles VII que, par dérision, il appelait le roi de Bourges, et qu'il chantait à ce dauphin qui oubliait dans les bras d'Agnès Sorel que les Anglais étaient les maîtres des deux tiers de la France :

Mes amis, que reste-t-il
A ce dauphin si gentil ?
Orléans, Baugency,
Notre-Dame-de-Cléry,
Vendôme..., Vendôme !...

Plus tard vinrent les chansons sur la Ligue, sur la Fronde ; les Richelieu, les Mazarin ne furent pas épargnés : on appelait *Mazarinades* les chansons qui frappaient sur ce ministre. Le nombre seul de ces dernières fournirait des volumes.

On voit qu'il y a longtemps que le peuple chansonne les excellences; n'est qu'il chantait tout bas, et qu'aujourd'hui il chante tout haut : c'est toujours cela de gagné; il a payé ce droit assez cher pour qu'on ne le lui conteste plus.

Le Français chante dans les revers comme dans les succès, dans l'opulence comme dans la misère, à la table d'un marchand de la rue Saint-Denis comme à celle d'un banquier de la Chaussée d'Antin, avec du vin de Bourgogne comme avec du vin d'Argenteuil, dans les fers comme en liberté ; il chante même sur les degrés de l'échafaud.

Depuis plus de deux cents ans, il existe en France des sociétés chantantes. Sous la Ligue, sous la Fronde, sous la Régence, pendant nos troubles révolutionnaires, sous l'Empire, sous la Restauration, même après la Révolution de Juillet, on a chanté avec plus ou moins d'esprit, avec plus ou moins de liberté.

En tête des chansonniers, nous sommes fiers de placer des rois, des princes, des grands seigneurs, voire même des curés et des chanoines.

Henri IV chantait Gabrielle, François Ier la belle Féronnière ; le bon roi René chantait le vin de Provence, le Régent ses amours licencieuses ; le cardinal de Bernis sacrifiait aux Graces dans des couplets que l'on dirait avoir été dictés par elles ; Rabelais.., ce fou qui était si sage, ou ce sage qui était si fou..., chantait plus souvent à table que dans son église de Meudon ; le victorin Santeuil ne se bornait pas à célébrer les louanges du Seigneur, il en festoyait aussi la vigne. Louis XVIII, de nos jours, fit des vers et des chansons. Enfin, Bonaparte!... Bonaparte!.... l'homme de bronze.., l'homme de fer.., l'homme complet.., l'homme le moins chantant du monde, avait, dit-on, pour refrain favori lorsqu'il se mettait en campagne :

Malbrough s'en va-t-en guerre !

Les charmants dîners du Temple, immortalisés par Chaulieu, firent éclore une foule de jolies chansons qui n'ont pas vieilli. Les explorateurs du vieux Paris, ceux qui se font gloire de savoir leur *Dulaure* sur le bout du doigt, vous montrent encore aujourd'hui, au carrefour de Bussy, la place où était le cabaret du fameux Landelle, qui réunissait chez lui les Collé, les Gallet, les Panard, les Crébillon, et où quelques grands seigneurs sollicitaient, chapeau bas, la faveur de se glisser incognito; car, lorsqu'il s'agit de leurs intérêts ou de leurs plaisirs, les grands seigneurs se font volontiers courtisans, valets même.., un peu plus, j'allais dire chambellans.

La révolution éclata, la Terreur moissonna,

et les chants ne cessèrent point. Combien de victimes ont composé, peu d'heures avant de mourir, des chansons que l'on croirait faites au sein d'un festin joyeux! Les unes exhalaient leurs plaintes dans des romances pleines de larmes, les autres dans des couplets remplis d'insouciance et de pyrrhonisme.

Montjourdain, condamné à mort, envoie à sa femme cette romance si connue :

L'heure avance où je vais mourir, etc., etc.

Un détenu, dont le nom m'échappe, et qui attendait de jour en jour l'instant de paraître au sanglant tribunal, compose le couplet suivant que ses compagnons d'infortune répètent en chœur :

La guillotine est un bijou
Aujourd'hui des plus à la mode ;
J'en veux une en bois d'acajou
Que je mettrai sur ma commode.
Je l'essaierai chaque matin
Pour ne pas paraître novice,
Si par malheur le lendemain
A mon tour je suis de service.

Et le lendemain il était de service!

Croira-t-on que, dans certaines prisons de Paris, les geoliers forçaient les détenus à chanter avec eux d'infames couplets qui avaient pour refrain :

> Mettons-nous en oraison,
> Maguingueringon,
> Devant sainte guillotinette,
> Maguingueringon,
> Maguingueringuette !

On n'a pas oublié le fameux procès des vingt et un députés de la Gironde, condamnés tous à mort, le 30 octobre 1793, pour être exécutés le lendemain.

Le lendemain, ils se font servir un déjeûner qui sera le dernier; ils se livrent tous à la joie la plus folle, les mots piquants circulent avec les vins... On discute gaîment sur l'immortalité de l'ame. Les uns doutent, les autres croient.., beaucoup espèrent. L'un d'eux se lève : « Amis, dit-il, ne disputons pas sur les mots, dans une heure nous saurons tous ce qu'il en est. » Alors des couplets sont improvisés au bruit du Champagne qui fulmine. En chantant, on donne des larmes à la patrie... On cause d'amour.., d'amitié.., de poésie..., on se fête.., on se serre la main..., on s'embrasse. A voir ces hommes forts, on croirait qu'ils ont un avenir.., une espérance.., un lendemain.., une heure... Point! c'est en Grève qu'ils vont!... c'est le bourreau qui les attend!!!...

Boyer-Fonfrède chante pendant le trajet :

> Plutôt la mort que l'esclavage,
> C'est la devise d'un Français!

Le jeune François Ducos fait entendre le *Chant du Départ*, triste refrain de circonstance, et qui n'était là que le chant du cygne!

Une chose digne de remarque, c'est que chaque opinion mourait en chantant. On entendait toujours les mêmes airs. *O Richard, ó mon roi!* ou *la Marseillaise*, *vive Henri quatre* ou *Ça ira*... Ainsi, en France, *la chanson*, qui console des misères de la vie, vient encore nous aider à mourir... Grâces soient rendues à *la chanson!*

Lorsque l'affreux règne de 93 fut passé, le Français, qui n'avait rien perdu de sa gaîté, éprouva le besoin de se venger de ses gouvernants. Que d'épigrammes, que de refrains mordants furent lancés contre ces Brutus de carrefours, ces Aristides aux mains calleuses, ces bouchers législateurs et ces législateurs bouchers, *ces tyrans barbouilleurs de lois* (comme les appelle André Chénier)!

Les dîners de Vaudeville prirent naissance à cette époque, et l'on se rappelle les charmantes chansons que les circonstances inspirèrent à leurs joyeux auteurs.

Dans un dîner préparatoire, qui eut lieu le 2 fructidor an IV, MM. Piis, Radet, Deschamps et de Ségur aîné (1), avaient été nommés commissaires pour rédiger les bases de la société; chacun avait sur-le-champ donné un sujet de chanson. Tous ces sujets, mêlés ensemble, tirés au sort et remplis par ceux à qui ils

(1) M. le comte de Ségur a été depuis grand-maître des cérémonies de l'empire.

étaient échus, furent rapportés au dîner du 2 vendémiaire suivant, le premier de la fondation.

Le prospectus en couplets, qui pétillait d'esprit et de gaîté, fut adopté séance tenante, *inter pocula et scyphos*, par les convives dont les noms suivent :

>Après dîner, nous approuvons,
>De par la muse chansonnière,
>Ledit projet et souscrivons,
>Barré, Léger, Monnier, Rosière,
>Demeautort, Despréaux, Chéron,
>Desprez, Bourgueil et Desfontaines,
>Ségur aîné, Prévôt, Chambon,
>Onze de moins que deux douzaines.

A mesure que de nouveaux auteurs obtenaient des succès marquants sur le théâtre de la rue de Chartres, ils étaient admis aux dîners ; car il y avait un article qui disait :

>Pour être admis, on sera père
>De trois ouvrages en couplets,
>Dont deux au moins (clause sévère !)
>Auront esquivé les sifflets.

C'est ainsi que l'on vit successivement arriver Armand Gouffé, Philipon de la Madeleine, Prévost d'Yray, de Ségur jeune, Philippe de Ségur, Maurice, Séguier (1), E. Dupaty, Chazet et autres.

Les convives des Dîners du Vaudeville se réunirent d'abord chez Julliet, cet acteur si gai, si vrai, si original, et qui s'était fait restaurateur, comme plus tard Chapelle, le Cassandre du Vaudeville, se fit épicier.

Piis célébra l'amphitryon dans une chanson qui courut tout Paris, et s'excusait ainsi d'avoir ajouté un *e* muet à la fin du nom de Julliet :

> J'ai bardé d'un E muet
> Le nom de notre hôte ;
> C'est la faute du couplet,
> Ce n'est pas ma faute !
> Il signe, il est vrai, JULLIET ;
> Mais, par un refrain qui plaît,
> J'aime mieux dire en effet :
> JULLIETTE notre hôte.

(1) M. Séguier était frère du premier président de la cour royale de Paris.

S'il est bon restaurateur,
Notre hôte Julliette,
S'il n'est pas moins bon acteur,
Son enseigne est faite.
Pour favori de Comus,
Pour favori de Momus,
Proclamons en grand chorus
Notre hôte Julliette!...

Cette société dura près de cinq ans ; elle avait été créée le 2 vendémiaire an v, et cessa d'exister le 2 nivose an ix.

Lorsque le conquérant qui remplit l'univers du bruit de ses exploits promenait nos drapaux triomphants de capitale en capitale, de monde en monde, il était naturel que l'on chantât encore.

MM. Armand Gouffé et Capelle conçurent l'heureuse idée de ressusciter l'ancien Caveau ; ils appelèrent à leur secours une grande partie des convives des Dîners du Vaudeville, et choisirent pour le lieu de leur réunion le Rocher de Cancale, si renommé pour ses huîtres et son poisson.

Le vieux Laujon fut nommé président de cette société; il en devint l'Anacréon; il y chanta, jusqu'à l'âge de quatre-vingt-cinq ans, le vin et les femmes, et mourut comme le vieillard de Théos, non d'un pepin de raisin, mais en fredonnant un couplet.

Parmi les membres de cette joyeuse bande, on distinguait encore Armand Gouffé, Dupaty, Piis, Moreau, Chazet, Delongchamps, Francis, Antignac, de Rougemont, de Jouy, Ourry, Tournay, Chapelle, Ducray-Dumesnil, Coupart, Gentil, Théaulon, Eusèbe Salverte (aujourd'hui député), et surtout le gai, le spirituel, le verveux, l'entraînant Désaugiers!...

A l'instar des Dîners du Vaudeville, un prospectus en couplets fut lancé dans le public. Il fut arrêté que le cahier qui paraîtrait tous les mois porterait le titre de *Journal des Gourmands et des Belles;* plus tard, ce titre fut échangé contre celui du *Caveau moderne*. Le dîner d'inauguration eut lieu le 20 décembre 1805, et le premier numéro parut le 10 janvier 1806. D'abord, la société ne se composa pas seulement de chansonniers; des hommes du monde concoururent à la formation de ce journal : le docteur Marie de Saint-Ursin, Reveillère, Cadet-Gassicourt, et le fameux épicurien Grimaud de la Reynière y fournirent des articles de gastronomie et d'hygiène fort amusants.

A cette époque, un nommé Baleine venait d'ouvrir un établissement modeste, rue Montorgueil, au coin de la rue Mandar : c'était presqu'un cabaret, car il fallait passer par une boutique encombrée de poissons et de viandes pendus au croc, pour arriver au lieu de la réunion.

Il y avait à peine un an que cette société existait, que l'on se disputait les chambres voisines de celle où les épicuriens buvaient et chantaient. On retenait un cabinet deux mois d'avance, pour le seul plaisir d'entendre quelques refrains à travers une cloison mal jointe. Quel bon temps!...

Baleine a dû à la société épicurienne une fortune considérable; il est vrai qu'il l'avait méritée par son travail, et surtout par une ponctualité, une politesse que l'on aurait peine à trouver aujourd'hui que tout s'est perfectionné, comme on sait. Je n'ai jamais vu montrer tant de zèle, tant d'égards, tant d'attentions pour des convives ; il nous en accablait. Je n'ai pas souvenance que les huîtres aient jamais manqué, même dans les chaleurs les plus brûlantes.

Une fois seulement (c'était l'année de la comète), nous allions nous mettre à table : Balcine paraît dans le salon, la serviette sous le bras, l'air pâle et défait... « Messieurs, vous voyez un homme au désespoir... J'attendais des huîtres par la voiture de quatre heures... ; elles n'arrivent pas... Je vous avoue que je suis dans une anxiété... Messieurs, si ce malheur m'arrivait !... je ne m'en consolerais jamais !... Messieurs !... » Et il se promenait comme un fou dans le salon, en levant les mains au ciel, et regardant de temps en temps par la fenêtre, pour voir si les huîtres ne venaient pas. Puis il descendait, puis il remontait : c'était pitié de le voir... En vain nous cherchions à le rassurer, en lui disant qu'un dîner sans huîtres n'en était pas moins un excellent dîner. Rien ne pouvait lui faire entendre raison. Nous avions vraiment peur qu'il ne se portât à quelque extrémité, et ne renouvelât la scène de l'infortuné Vatel. Enfin un garçon vint annoncer la fameuse *bourriche!*... La figure de Baleine s'épanouit, elle reprend sa sérénité ; un sourire de satisfaction se peint sur ses lèvres, et il s'écrie, avec un certain air d'assurance, moitié grave et moitié comique : « Ah! je savais bien que les huîtres ne manqueraient pas !... »

Les dîners que Baleine nous servait, le 20 de chaque mois, étaient d'un luxe et d'une recherche qui rappelaient ceux d'Archestrate à Athènes.

Archestrate était poète et cuisinier ; Baleine n'était que cuisinier. Archestrate voyageait dans tous les pays non pour s'instruire des mœurs et des usages des différents peuples, mais pour connaître par-lui-même ce qu'il y avait de meilleur à manger. Archestrate a fait un poème sur la gastronomie qui n'est pas arrivé jusqu'à nous ; Baleine n'a fait ni vers ni chansons, mais il entendait à merveille la manière d'arranger un jambon aux épinards et de confectionner un vol-au-vent à la crème. Rien n'était oublié par cet homme vraiment pénétré de sa mission : des orangers, des grenadiers, des lauriers-roses, étaient placés sur l'escalier qui conduisait à la salle des festins. Un couvert magnifique était dressé par lui, un surtout de Tomire garnissait le milieu de la table ; des girandoles de Ravrio étaient arrangées avec symétrie. Les fleurs les plus belles brillaient dans des vases de cristal : des garçons arrosaient de quart d'heure en quart d'heure. Par un raffinement d'atticisme, on dînait presque toujours aux lumières, même en été. On prétendait que le feu des bougies donnait plus de gaîté à un repas, que la gaîté facilitait la digestion..., et, comme on tenait à digérer avant tout, on employait tous les moyens pour y parvenir.

C'était un coup d'œil vraiment original que ces vingt convives riant, causant, buvant ensemble. Les mots piquants s'échappaient avec le champagne : la diversité des physionomies animait le tableau.

A côté de la figure grave et reposée d'Eusèbe Salverte, Désaugiers étalait sa bonne grosse face réjouie et rebondie; Armand Gouffé, avec ses besicles et son rire sardonique, contrastait à ravir avec Ducray-Dumesnil qui tendait une bouche béante, un visage rouge et bourgeonné ; deux petits vieillards, aux manières de l'ancien régime,

> Les seuls qui nous étaient restés
> D'un siècle plein de politesse,

montraient, avec coquetterie, leurs cheveux blancs : c'étaient Philipon de la Madeleine qui composait encore, à soixante-quinze ans, des chansons pleines de grace et d'esprit ; puis, ce bon vieux Laujon qui traversa, comme je l'ai dit, en chantant, une vie de poète de quatre-vingt-cinq ans.

Je n'ai rien connu d'aussi aimable, d'aussi insouciant, d'aussi heureux que ce petit vieillard !. C'était le vaudeville ambulant, la chanson incarnée, le flon-flon fait homme.... Ah! pauvre Laujon, si tu vivais!.. Il assista, quoique malade, au dernier dîner qui précéda sa mort. de quinze jours. A propos de Laujon, on se rappelle ce mot charmant de l'abbé Delille. Il y avait près d'un demi-siècle que l'auteur de l'*Amoureux de quinze ans* faisait des visites pour arriver à l'Académie française. Comme quelques membres du docte corps élevaient des difficultés, en raison du genre frivole que le solliciteur avait cultivé, Delille se lève :

« Mes chers confrères, » dit-il, « je pense qu'il » est important que M. Laujon soit nommé » cette fois ; il a quatre-vingt-deux ans, vous » savez où il va... ; laissons-le passer par l'Aca-» démie. » Tout le monde applaudit à ce mot délicieux, et le *chansonnier fut académicien*.

Une autre anecdote, qui, je crois, n'a jamais été imprimée, mérite de trouver place dans cette notice.

Laujon avait vécu dans l'intimité du comte de Clermont, et, après la mort de ce grand seigneur, qui arriva en 1770, le prince de Condé le nomma secrétaire du duc de Bourbon et le chargea des détails des fêtes de Chantilly, emploi dont il s'acquitta jusqu'à la révolution. Lorsque la plupart de ceux qui avaient été comblés des faveurs de la cour furent les premiers à donner dans les excès de cette révolution, Laujon crut se devoir à lui-même de ne pas chanter un ordre de choses qui avait renversé ses bienfaiteurs.

Le régime de la Terreur arriva, et, comme tant d'autres, il fut dénoncé à sa section. Son plus grand crime était de ne pas vouloir *chanter la république*. Son ami Piis, ayant appris qu'il courait un grand danger à garder un silence obstiné, alla le voir et l'avertit qu'il devait être arrêté; il l'engagea à faire quelques couplets, lui promettant de les chanter lui-même à sa section le décadi suivant.

Le vieillard se fit d'abord beaucoup prier; mais, voyant qu'il s'agissait pour lui d'une question de vie ou de mort, il composa un vaudeville républicain, et mit au bas en gros caractères : Par le CITOYEN LAUJON, *sans-culotte pour la vie...* Cette petite ruse jésuitique lui réussit;

et, depuis, il passa dans sa section pour un excellent patriote.

Chaque convive avait le droit d'inviter à son tour une personne de son choix ; c'est à cette heureuse idée que nous dûmes le plaisir de recevoir le comte Regnaud de Saint-Jean-d'Angely, le géographe Mentelle, l'abbé Delille, le chevalier de Boufflers, le vieux Mercier (qui ne vivait plus que par curiosité), d'Aigrefeuille, le gourmand par excellence et l'ami de Cambacérès, enfin le fameux docteur Gall ! Le jour où nous reçûmes la visite de ce dernier, on lui servit un plat de fritures composé seulement *de têtes de gibier, de poissons et de volailles*. On lui demanda s'il voulait tâter les crânes de ces messieurs ou de ces dames.... Le savant se dérida et répondit en riant « qu'il fallait qu'il tâtât les corps auparavant, vu qu'à table son système ne s'isolait point. » Pas mal pour un Allemand.

Plus tard, on renchérit encore sur les plaisirs, et l'on s'adjoignit des artistes et des chanteurs.

Frédéric Duvernoy, Lafont, Doche, Mosin,

Romagnési, Baptiste, Chenard, Piccini et d'autres artistes, vinrent embellir nos dîners.

Ce fut en 1813 que notre Béranger prit place au milieu des enfants de la joie... Jamais réception plus aimable ni plus spontanée. Plusieurs chansons de lui, qui couraient manuscrites, entre autres, *le roi d'Yvetot*, donnèrent une si haute idée de son génie et de son talent qu'il fut élu par acclamations.

Béranger a donné à la chanson une direction qu'elle n'avait pas eue jusqu'à ce jour ; il l'a nationalisée.

1814 arriva ; chacun prit sa couleur : les uns restèrent fidèles au drapeau d'Austerlitz, les autres crurent devoir reprendre la bannière de Henri IV. Les chansonniers se trouvèrent partagés en deux camps bien distincts. (En ce temps-là, le juste-milieu n'avait pas encore été inventé.) On pense bien qu'une fois la politique introduite dans une réunion chantante, elle ne pouvait conserver cette allure franche et gaie qui en avait fait le charme pendant dix ans.

Les deux sociétés dont je viens de parler représentent une époque, et une époque glorieuse.., car elles ont presque toujours chanté entre deux victoires!... Leur éclat a été assez vif, assez brillant pour que j'aie pris le soin d'enregistrer le nom des hommes qui s'y sont distingués.

Sur plus de soixante chansonniers dont elles se composaient, les deux tiers au moins sont morts ; ils ont emporté avec eux le secret de rire et de chanter. Une littérature nouvelle remplace celle que nous avons perdue : fasse le ciel qu'elle donne à ses adeptes autant de plaisirs, de jouissances pures que nous en avons goûté au sein de l'amitié et des Muses.

Alors les vaudevillistes ne s'isolaient pas. On pensait moins à l'argent qu'au plaisir. La calomnie, les passions haineuses ne guidaient pas la plume. J'ai vu un temps où les auteurs s'aidaient de leurs conseils; on faisait répéter la pièce d'un camarade, on travaillait même à la rendre meilleure, sans penser à lui demander pour cela une part de ses droits d'auteur...

Mais à quoi bon gémir sur un temps que nous ne reverrons jamais!...

On devenait alors chansonnier et auteur par goût, par vocation; aujourd'hui la petite littérature est devenue un métier.

Avant les dîners du Caveau moderne, il avait existé une société chantante qui avait pris le nom des *Déjeûners des garçons de bonne humeur;* cette réunion avait été fondée par M. Étienne (actuellement député), Désaugiers, Servières, Morel, Dumaniant, Martainville, Gosse et plusieurs hommes de lettres, tous gens d'esprit et de gaîté... Leurs chansons étaient aussi publiées par numéros. Cette société ne dura que quinze ou dix-huit mois.

Dans le courant de l'année 1813, une société, rivale de celle du Caveau, fut fondée par les soins de Dusaulchoix, littérateur estimable et publiciste distingué; cette société marcha pendant quinze ans sur les traces de ses aînées.

Parmi ses convives, il faut placer en première ligne C. Ménestrier, enlevé tout jeune à la chanson, Hyacinthe Leclerc, dont la facture originale rappelle quelquefois Béranger; Étienne Jourdan, Carmouche, Frédéric de Courcy, Antier, Camille, Ramond, P. Ledoux, et surtout le jeune Édouard Revenaz, qui a composé plusieurs chansons très remarquables.

Ainsi, les sociétés chantantes changent de noms, de forme, mais ne meurent jamais chez nous, parce que la chanson tient essentiellement à notre sol, à nos mœurs; c'est une plante indigène que rien ne pourra déraciner. L'enfant jette une pierre au pédant qui le contrarie; le Français lance un couplet au puissant qui l'opprime.

On ne saurait comprendre combien le goût de la chanson s'était répandu en France, et à Paris surtout, dans les premières années de la restauration. En 1818, le nombre de ces sociétés était incalculable.

Après avoir parlé de l'aristocratie de la chanson, je vais essayer de tracer le portrait d'une de ces réunions bachiques, où se rassemblaient des ouvriers, des artisans, des gens en veste, gens qui ne sont pas les moins gais, ni les moins spirituels.

Il existait à Paris, à cette époque, la société des *Lapins*, la société du *Gigot*, la société des *Gamins*, la société des *Lyriques*, la société des *Joyeux*, la société des *Francs-Gaillards*, la société des *Braillards*, la société des *Bons-Enfants*, la société des *Vrais-Français*, la société des *Grognards*, la société des *Amis de la Gloire*, et cent autres sociétés dont j'ai oublié les noms, ou, pour mieux dire, dont je n'ai jamais su les noms.

J'avais un mien parent, commissaire-priseur, grand amateur de chansons, et qui aurait volontiers manqué dix ventes à l'hôtel Bullion plutôt qu'une goguette à l'Ile-d'Amour... C'était un intrépide, un *gobelotteur quand même!*... il n'aurait pas reculé devant la *mère Radis*, pourvu qu'il eût été certain d'y entendre un couplet.

Mon cousin le commissaire-priseur arrive un jour tout essoufflé : « Cousin, me dit-il, je viens pour vous conduire dans une réunion qui vous fera plaisir ; je veux vous mener dîner chez les *Enfants de la Gloire!...* » Moi, qui ai toujours aimé la gloire, moi qui l'ai chantée, n'importe sous quelle bannière elle a brillé, j'accepte l'invitation.

« Je vous préviens, » ajouta mon cousin, « que vous allez vous trouver avec des ouvriers, des artisans, c'est tout à fait une société populaire. —Parbleu! » lui dis-je, « j'aime beaucoup le peuple, *surtout quand il chante...* » Nous partons tous deux, bras dessus bras dessous ; nous voici rue du Vert-Bois, ou rue Guérin-Boisseau, je ne me souviens pas au juste : je ne suis pas obligé de me rappeler le nom d'une rue. Nous entrons dans un modeste cabaret ; la bourgeoise, qui était une grosse joufflue, nous dit, avec un certain air de prétention : « Ces messieurs sont-ils de la société? — Oui, madame. — Conduisez ces messieurs à la société. »

Nous traversons la boutique, ensuite une petite cour carrée, aux quatre coins de laquelle il y avait les quatre tilleuls obligés, et nous nous trouvons dans une salle basse et noire.

Là, point de service damassé, point de surtout en cristal, point de fleurs dans des vases, point de couverts à filets, point d'aiguières en argent ni en vermeil ; mais une table de bois de bateau, recouverte d'une nappe de toile écrue, des assiettes en faïence brune, des couteaux en forme d'eustaches, des verres communs et ternes, un pain rond de douze livres au moins, du sel et du poivre dans des soucoupes ébréchées. Une bouteille de vin rouge était placée devant chaque assiette : deux bancs de bois de chaque côté de la table ; seulement, au haut bout pour le président,

<blockquote>
Un tabouret de paille
Qui s'était sur trois pieds sauvé de la bataille (1).
</blockquote>

Quand je fus au milieu des *Amis de la Gloire*, mon cousin me présenta au président, qu'il me dit être compagnon-menuisier. Je pensai à n'a tre Adam, et cette analogie me fit sourire.

(1) Mathurin Reignier, le *Mauvais Gîte*, satire.

Les autres convives étaient des serruriers, des vitriers, des peintres en bâtiments, etc. Je remarquai un gros papa qui avait un ventre effrayant et des favoris affreux ; il était débraillé, sans cravate, et suait tant qu'il pouvait. On m'apprit que c'était le charcutier d'en face. Je l'avais déjà deviné : les charcutiers ont une physionomie à part.

La grosse dame que j'avais vue au comptoir apporta, dans un énorme saladier, une gibelotte de lapin dont, en entrant, j'avais senti l'odeur, il embaumait le lard et les petits oignons. Vinrent ensuite le carré de veau, la barbe de capucin flanquée de betteraves, un morceau de fromage de Gruyère ; deux assiettes de mendiants fermaient la marche.

On se mit à table ; on me plaça à côté du président : « Monsieur, » me dit-il, « ici chacun a sa bouteille ; si le rouge vous incommode, vous avez *celui* de demander du blanc. » Je répondis que le rouge ne m'incommodait pas.

Je mangeai de bon appétit. La gibelotte de lapin me parut délicieuse, je dis de lapin, parce que c'est la foi qui sauve, et que j'ai le bonheur de croire.

Pendant le dîner, on ne parla que du grand Napoléon... « Hem! » disait l'un, « *c'est celui-là qu'en valait bien un autre...* Hem! oui... *qui n'était pas feignant, comme on dit chez nous...* Hem!... *s'il n'avait pas été trahi à Waterloo!* Hem!... *qui n'est pas mort pour tout le monde.*

« Ah! oui... » dit le charcutier en s'essuyant le visage (car le malheureux ne faisait pas d'autre métier), « *le petit caporal vit encore... et il leur z-y en fera voir de toutes les couleurs..........*
— *Il n'en faut pas tant, des couleurs,* » reprit le peintre en bâtiments, avec un sourire de Méphistophélès...; « *qu'on nous en donne seulement trois, des couleurs...* » A ce mot de *trois couleurs*, les applaudissements partirent de tous les points de la salle; j'ai vu le moment où l'on allait crier *vive l'Empereur!...* Alors la conversation prit une teinte tout à fait politique.

Je m'aperçus que j'étais dans une réunion séditieuse, et je pensai que, si le commissaire du quartier venait à faire sa ronde, il pourrait faire évacuer la salle et envoyer les *Enfants de la Gloire* à la préfecture de police. Je comptai combien nous étions ; quand je vis que le nombre ne dépassait pas *dix-neuf*, c'est bon, me dis-je, *nous sommes dans la loi.*

Le moment de chanter étant venu, le président fit l'appel nominal, et quand chacun eut répondu, en portant la main droite au front, le n° 1 monta sur la table, et chanta d'une voix de Stentor :

> Salut, monument gigantesque
> De la valeur et des beaux-arts ;
> D'une teinte chevaleresque
> Toi seul colores nos remparts.
> De quelle gloire t'environne
> Le tableau de tant de hauts-faits :
> Ah ! qu'on est fier d'être Français
> Quand on regarde la colonne !

A chaque couplet, les convives se regardaient, se faisaient des yeux ; j'en ai vu qui pleuraient. Le n° 2 ne se fit pas attendre. Je me souviens encore qu'il chanta un couplet dont le premier vers était :

Sur son rocher de Sainte-Hélène,

et qui finissait par celui-ci :

Honneur à la patrie en cendre !

Du reste, toutes les chansons respiraient le plus pur napoléonisme ; c'était toujours :

Il reviendra le petit caporal.
Vive à jamais la redingote grise !
Honneur, honneur à not' grand empereur !

Je demandai si l'on ne chantait que des couplets qui eussent rapport au grand Napoléon : « Monsieur, » me répondit mon voisin, « je vais vous dire, nous sommes tous ici des bons enfants *qu'a servi* ensemble ; nous ne *reconnaissons* que deux choses, l'empereur et la colonne. »

Quand mon tour de chanter fut arrivé, tous les yeux se tournèrent vers moi, au point que je devins timide et embarrassé. Je me défendis de mon mieux, mais avec la modestie d'un auteur qui n'est pas fâché qu'on le prie un peu. Je dis à ces bonnes gens que j'étais venu pour les entendre. Le président fit faire silence; il fallut se résigner. On me fit un honneur, je fus dispensé de monter sur la *table;* je n'ai jamais su pourquoi. Bien que je possède un volume de voix assez étendu, je craignais qu'elle ne parût faible et flûtée à côté de celles des *Amis de la Gloire;* car ces lurons-là avaient tous des voix de tonnerre : c'étaient des *petits Dérivis* dans son bon temps.

Je chantai une chanson que j'avais faite en 1809, et dont le refrain était : *Comme on fait son lit on se couche.* Lorsque j'eus chanté ce couplet :

>Bravant la chance des combats,
>Lorsque leur chef les accompagne,
>Voyez tous nos jeunes soldats
>En chantant faire une campagne !
>Ils brûlent, ces braves guerriers,
>Jusqu'à leur dernière cartouche,
>Puis ils dorment sur des lauriers :
>Comme on fait son lit on se couche.

Je laisse à penser l'effet que produisirent

guerriers et *lauriers*... : ce fut une explosion, un délire, une rage... On criait : *bis!*... encore, encore!... Tous les convives parlaient ensemble, on m'entourait, on me serrait la main : tout le monde m'embrassa, même le charcutier, après s'être essuyé le front, bien entendu.

On proposa mon admission, séance tenante ; je répondis que j'étais très sensible à cette marque de bienveillance, mais que je craignais de ne pouvoir assister régulièrement aux séances. On me nomma associé libre ; on me fit promettre de revenir quelquefois : je promis, mais je jurai en moi-même de n'y jamais remettre les pieds.

J'avais assez bien supporté le vin et les chansons, mais je craignais les accolades ; les baisers fraternels me tenaient au cœur : longtemps après, j'en étais encore poursuivi, comme *le père Sournois par un songe*. Le charcutier, surtout, n'a jamais pu s'effacer de ma mémoire...

Après avoir cité avec orgueil les noms des maîtres de la gaie science, il est juste que je mentionne honorablement d'autres noms, moins grands sans doute, mais qui méritent aussi un souvenir.

Parmi les chansonniers qui brillaient dans les sociétés plébéiennes dont je viens de parler, on remarquait en première ligne Emile Debraux, Dauphin, Marcillac et d'autres qui ont fait des chansons pleines de verve, de patriotisme et de gaîté.

Je dois parler des chansonniers des *rues*, des faiseurs de *complaintes,* parmi lesquels on comptait les Duverny, les Cadot, les Aubert, les Collaud, poètes qui tous ont eu de la renommée dans leur temps, et qui nous ont laissé des successeurs.

Aujourd'hui la chanson des rues a suivi le torrent politique; elle a son côté gauche, son côté droit, et même son juste-milieu. Si vous voulez un échantillon de couplets contre les émeutes, en voici un de M. Lebret, que je copie textuellement :

 Quoique consul, Bonaparte sut s'y prendre
 Pour apaiser tout genre d'opinion :
 De grands travaux il a fait entreprendre ;

L'on ne pensait qu'à son occupation.
Il appuya aussi des lois sévères,
En se montrant à la tête de tout ;
Mais il n'est plus cet homme qu'on révère...
Pleurons, Français, nous avons perdu tout !

Je sais que, sous le rapport du style et de la versification, quelques critiques pourraient peut-être trouver à reprendre à ce couplet, bien des gens riront de l'ingénuité de ce vers :

L'on ne pensait qu'à son occupation.

Eh bien ! moi, j'y vois le secret de la politique de Bonaparte... et peut-être aussi de sa puissance... *On ne pensait qu'à son occupation...* Pesez bien ces mots !... *On ne pensait qu'à son occupation...* c'est à dire on ne se mêlait pas des affaires de l'Etat, on ne critiquait pas le budget, la liste civile, on ne courait pas les rues comme des fous; enfin, *on ne pensait qu'à son occupation...*

Une complainte sur le *choléra-morbus*, par M. de Courcelle, me paraît le chef-d'œuvre du genre ; elle est sur l'air *Fleuve du Tage* :

Pleurons sans cesse
De Paris les malheurs :
Quelle tristesse !
Tout le monde est en pleurs.
Partout, sur son passage,
Le choléra ravage
Rues et faubourgs,
Partout fixe son cours.
Hélas ! que de victimes
A plongé dans l'abîme !
Implorons Dieu...
Qu'il fuie de ces lieux.

Cela me rappelle la complainte des fameux chauffeurs qui finissait par ce quatre vers :

Ils ont commis des crimes affreux,
Ils ont commis tous les délires...
Prions le Dieu miséricordieux
Qu'il les reçoive dans son empire.

A présent que j'ai rendu à César ce qui est à César, et à Dieu ce qui est à Dieu, je me résume.

La chanson, qui, à sa naissance, était gaie, frondeuse et presque toujours opposante, a fini, avec le temps, par oublier son origine ; dans l'espace de cinquante ans, nous l'avons vue flatteuse, caustique, gaie, triste, impie, athée, bigote, pauvre, riche, cupide, désintéressée; enfin elle a suivi tous les partis, porté toutes les couleurs et donné dans tous les excès.

Sous Louis XIV, ce monarque qui disait: « L'Etat, c'est moi! » *la chanson* mettait des paniers, du fard et des mouches, pour assister aux fêtes de Versailles.

Pendant la Régence, elle allait aux orgies du Palais-Royal, comme une fille.., en bacchante., échevelée, la gorge nue..; elle faisait des yeux à un laquais, se vautrait sur les genoux d'un mousquetaire, mettait ses doigts dans l'assiette du régent, et trempait son biscuit dans le verre du cardinal Dubois.

La chanson a trouvé des refrains pour les vertus comme pour les crimes; elle a célébré la *bonté de Louis XVI et les massacres des 2 et 3 septembre, la vertueuse Élisabeth à la Conciergerie, et Marat dans son égout;* elle a vanté les graces de Marie-Antoinette, de cette fille de Marie-Thérèse, qui n'a connu que les malheurs du trône.... Quand cette reine donnait un dauphin à la France, *la chanson* s'habillait en poissarde, allait à Versailles, à Trianon, lui portait des bouquets, et lui chantait sur son passage :

> La rose est la reine des fleurs,
> Antoinette est la rein' des cœurs.

Pauvre femme !... pauvre mère !!... pauvre reine !!!... elle croyait peut-être à ces cris de joie, à ces démonstrations d'amour !.. Eh bien ! quelques années après, *la chanson*, vêtue en tricoteuse, suivait la *charrette* à Samson et criait à cette malheureuse princesse :

> Madam' Veto avait promis
> De faire égorger tout Paris ;
> Mais son coup a manqué,
> Grâce à nos canonniers.
> Dansons la carmagnole !
> Au bruit du son du canon !

Quand Napoléon se fit empereur, *la chanson* courut la première au devant de lui, se jeta à son cou comme une folle, lui donna les noms les plus doux, les plus beaux ! elle l'appelait César,

Alexandre, Auguste, Trajan; c'était son Dieu, son héros, son idole, son chéri....; elle le flattait, le caressait, le baisait sur les deux joues, et lui cornait aux oreilles soir et matin :

> Vive, vive Napoléon !
> Qui nous baille
> De la volaille,
> Du pain et du vin à foison.
> Vive, vive Napoléon !

Comme elle l'avait suivi à pied en Égypte, en Italie, elle le suivit encore en Russie ; elle avait pris, pour le séduire, le costume d'une vivandière; elle riait avec les vieux grognards qui lui pinçaient la taille ; elle couchait au bivouac, sur l'affût d'un canon ; dînait à la table des officiers, et buvait la goutte avec les tambours. En 1814 et 1815, elle escorta le grand capitaine à l'île d'Elbe, puis à Saint-Hélène, en faisant entendre contre lui ce refrain ignoble :

> Faut qu'il parte d'bon gré z'ou d'force
> Nous n'voulons plus d'l'ogre d'la Corse :
> A bas, à bas l'ogre d'la Corse.

A la restauration, *la chanson* se fit sentimentale et pleureuse; elle fréquentait les salons du faubourg Saint-Germain, elle hantait les églises... Voyez-vous la Tartufe ! — Voyez-vous la jésuite !

Qui croirait que cette chanson si gaie, si folle, si indépendante, a donné même dans les cantiques !... qui croirait qu'on l'a entendue, à Saint-Roch et à Saint-Étienne-du-Mont, psalmodier d'une voix douce et pieuse, sur un air de la *marchande de goujons* :

>   C'est Jésus   (*ter.*)
>   Qu'on aime
> Plus que soi-même ;
>   C'est Jésus   (*ter.*)
> Qu'il faut aimer le plus.

Le 20 juillet 1830, *la chanson* était encore dévouée à la branche aînée des Bourbons, elle redisait encore *Vive Henri IV* et *Charmante Gabrielle*; mais, les 27, 28 et 29, elle criait dans Paris, en faisant des barricades pour les chasser,

>   En avant, marchons
>   Contre leurs canons,
> A travers le fer, le feu des bataillons,
>   Courons à la victoire !

Pauvre *chanson!* comme elle s'est prostituée!...

On dit qu'en France tout finit par des chansons, même les révolutions... Voilà cinquante ans que nous chantons la nôtre, et elle recommence toujours. Que faire à cela?... Attendre et chanter.

POST-FACE.

Il existe une vieille ballade allemande qui dit dans son naïf langage : « Les morts vont vite! les morts vont vite!.... » Hélas! maintenant il n'y a pas que les morts qui aillent vite..., les rois vont vite..., les peuples vont vite..., les révolutions vont vite..., les crimes vont vite..., l'ambition va vite.... le suicide va vite..., le théâtre va vite..., les réputations vont vite..., tout va vite, excepté la vérité, l'honneur la justice et le génie, qui vont bien doucement. Heureux l'écrivain qui pourrait jeter aujourd'hui sur le papier une idée, une réflexion, et qui serait certain que demain il ne sera pas obligé de dire le contraire. Lorsque je conçus la pensée de donner au public *les Chroniques des Théâtres*, j'avais d'avance fait mon petit plan, et je croyais qu'une fois mes idées bien arrêtées je n'avais plus qu'à écrire et à envoyer le manuscrit à mon éditeur. J'étais dans une erreur grande ; je me trompais de beaucoup dans mon calcul. Aujourd'hui que mon livre est imprimé, je m'aperçois que bien des noms et bien des choses ne sont déjà plus à leur place.

Comment voulez-vous que l'on suive cette inquiétude incessante, ce mouvement perpétuel, ce besoin de changement qui s'est emparé de la société comme du théâtre ?

Vous lisez dans un journal : Monsieur un tel vient d'être nommé directeur de tel théâtre; vous en prenez note, vous l'inscrivez, et voilà que, lorsque votre feuille est tirée, vous apprenez qu'un autre a pris sa place.

Autrefois, l'*Annuaire dramatique* ou l'*Almanach des Spectacles*, de Duchesne, présentait, chaque année, les noms des mêmes comédiens, des mêmes comédiennes dans les mêmes théâtres; on aurait pu stéréotyper au Vaudeville les noms de Laporte, Chapelle, Vertpré, Duchaume; ceux de mesdames Blosseville, Clara, Minette, Belmont, Rivière, Hervey, Desmares. On a lu pendant vingt ans, sur les affiches des Variétés, Brunet, Tiercelin, Potier, Barroyer, Élomire, Pauline, Cuisot, Aldégonde. Marty n'a point quitté le boulevart du crime depuis 1799. Dites si Rafile, cet estimable comédien, aurait songé à abandonner l'Ambigu-Comique, fondé par Audinot, l'auteur du *Tonnelier*. L'Ambigu-Comique a été pour Raffile le foyer domestique; l'air d'un autre spectacle lui eût été funeste, il n'aurait jamais pu le supporter. Dumesnil, cet acteur si boulevart et si peuple, ce niais des bons jours, est mort en prononçant ces mots : *Demandez plutôt à Lazarille*.

Tautin, l'une des gloires du vieux mélodrame, est entré à l'Ambigu-Comique avec Corse en 1798, et Tautin n'a jamais conçu la pensée d'abandonner, comme beaucoup d'autres, le boulevart du Temple, où il avait son public. Il n'a déserté l'Ambigu-Comique que pour aller à la Gaîté, et de là faire une petite excursion au Panorama-Dramatique; il n'a quitté *l'Homme à trois Visages* que pour *l'Homme de la Forêt-Noire*, et *les*

Ruines de Paluzzi que pour *les Ruines de Babylone*. Le nom de Tautin vivra autant que le boulevart du Temple.

Émile Cottenet (1), acteur assez original, chantait le vaudeville avec une verve et un entrain peu communs. Il était venu de Lyon en 1815 ou 1816, il a brillé sur la scène du théâtre Saint-Martin ; mais, du moment qu'il a voulu changer de quartier, Émile a été perdu...; le Gymnase est devenu son tombeau, cela devait être, il ne pouvait comprendre ni son genre ni ses spectateurs. On disait d'Émile Cottenet qu'il jouait les financiers en bas de coton, et Pierson

---

(1) Émile Cottenet a composé quelques vaudevilles et fait des chansons agréables ; il avait été membre du Caveau de Lyon ; il est mort en 1833.

les paysans en bas de soie. Il était impossible de dire rien de plus vrai (1).

Le bon père Pascal, ce type des pères ganaches, n'a fait que deux théâtres à Paris dans sa carrière dramatique, la Gaîté et la porte Saint-Martin, encore est-il mort dans ce dernier. Et qui sait, mon Dieu! si le changement de planches n'a pas hâté la fin de cet acteur si drôle, si amusant!... Pascal disait souvent : — « Je suis bien à la porte Saint-Martin, mais quand je passe devant mon vieux théâtre, un souvenir me poigne, et je suis toujours tenté de m'arrêter rue des Fossés-du-Temple, dont la rue de Bondy me paraît à cent lieues (2). »

(1) Pierson, acteur du théâtre Saint-Martin, est mort en 1828.
(2) Pascal est mort le 21 mars 1824 ; il avait joué longtemps à Bordeaux avant de venir à Paris.

Besoin de l'habitude, que tu as de puissance sur l'homme! Voyez si ce bon Moessard a jamais songé à déserter l'ancienne salle bâtie pour l'Opéra! Voilà vingt ans et plus que Moessard y joue les pères vertueux, et comme il joue tous les soirs dans trois pièces, depuis vingt ans la vie de ce comédien n'a pas été au delà du Carré Saint-Martin et de la rue de Lancry. Oh! que c'est bon d'être casanier, n'est-ce pas, Moessard? Anciennement, on naissait et l'on mourait dans le même théâtre. Un honnête homme nommé Boulanger a passé soixante ans de sa vie sur les planches de la vieille salle des Grands-Danseurs du Roi; il y était entré élève de la danse, il y a joué les beaux Léandres dans les pantomimes arlequinades, il y a fait des tours de force, puis joué les Colins, puis les valets, puis les pères, puis les accessoires, puis les comparses, puis les figurants ; enfin, après cinquante ans de service, il a obtenu sa retraite et l'emploi d'ustensilier. Le père Boulanger a passé par tous les échelons de la vie d'acteur ; il a été témoin de tous les succès et de toutes les chutes de la salle de Nicolet, il en a supporté les bons et les mauvais jours ; il a su *souffrir et se taire sans murmurer*, comme disait Stanislas Gontier dans *Michel et Christine*. Le père Boulanger était attaché au sol, toujours fidèle, toujours dévoué ; on dit qu'en mourant il a crié : *vive Nicolet!* comme les vieux grognards criaient : *vive l'Empereur!* Il a vu défiler vingt directeurs, Nicolet, Martin, Ribié, Cofin-Rosny, Camaille-Saint-Aubin, M. Bourguignon, madame Bourguignon, MM. Marty, Guilbert de

Pixérécourt et Dubois. Il y aurait vu Bernard Léon, s'il avait assez vécu pour cela, car Bernard Léon ne l'aurait certes pas congédié. C'était de ce père Boulanger que Ribié disait :

« Je me garderais bien de le renvoyer jamais ; le père Boulanger ressemble aux toiles d'araignées qui sont dans les étables; on croirait, en les époussetant, que cela porterait malheur. »

J'ai cru devoir, dans le cours de cet ouvrage, citer quelques couplets, sans rien changer aux expressions, mais il faut me le pardonner en se rappelant l'époque où, dans les improvisations politiques, on n'était pas toujours très scrupuleux sur le goût et la décence.

Je ne sais pas ce que mes lecteurs diront de rencontrer souvent dans mon livre, à côté d'une plaisanterie, une réflexion grave, mais il m'était impossible de faire autrement ; le théâtre n'a-t-il pas donné dans toutes les folies, dans tous les excès? j'ai dû suivre son dévergondage : du reste, quand j'ai parlé raison, je répète ici que tout ce que j'ai dit est l'expression de ma pensée intime.

En parlant des livres anonymes, des calomnies qui ont affligé la littérature, le théâtre et la société, je me suis borné à citer des exemples; toutefois j'ai eu le courage de parcourir quelques uns de ces tristes écrits.

En les lisant, on éprouve un serrement de cœur, on a comme envie de pleurer, on se demande comment on peut tracer de certaines choses sans que la main se glace, comment on peut les répéter dans le monde sans que la bouche se paralyse?

Je laisse à d'autres la tâche de flétrir la calomnie, cette grande plaie sociale; je n'en ai ni la force ni le talent. Pour l'attaquer, ce ne serait pas trop d'une page de Chateaubriand ou d'une ode de Victor Hugo.

Un écueil que j'avais à craindre encore en écrivant l'*Histoire des petits théâtres*, c'était l'uniformité, la monotonie ; voilà pourquoi j'ai évité la nomenclature : si j'avais voulu enregistrer les titres de toutes les pièces qui ont été jouées depuis soixante ans, les noms des auteurs, des acteurs, des actrices qui ont paru sur les vingt théâtres que j'ai décrits (1), mon

(1) Aux noms des auteurs déjà cités dans cet ouvrage, il faut ajouter ceux de MM. Varner; Ferdinand Langlé, Charles Duveyrier (frère de M. Mélesville), Jules Lafon (auteur de *la Famille Moronval*), Lesguillon, Jacques et Emma-

ouvrage aurait plutôt ressemblé à un catalogue qu'à une histoire, surtout depuis que les comédiens se sont faits nomades. Il n'existe presque pas, aujourd'hui, d'acteurs vivants qui n'aient joué sur dix théâtres de la capitale.

Comme critique, on me trouvera timide, je le sais, mais on fera la part d'un auteur écrivant l'histoire vivante, jugeant les œuvres de ses confrères, ou les comédiens et comédiennes au milieu desquels il a vécu.

Toutefois, que l'on n'aille pas croire que ma bienveillance soit de la faiblesse ; non, chez moi, c'est par penchant, par nature que j'ai toujours éprouvé plus de plaisir à louer qu'à blâmer.

nuel Arago, Jaimes, Brunswick, Barthélemy, Deslandes, Dennery, Laurencin, Lubize, Roche, Cormon, etc.

Un homme d'un grand esprit, Beaumarchais, a dit qu'il n'y avait que deux rôles à jouer dans le monde : celui d'enclume ou celui de marteau ; puis il avait soin d'ajouter en riant : « Je me suis fait marteau.... » C'est un avantage que je n'envierai jamais à personne ; je veux bien ne pas me faire marteau, mais je ne consentirai jamais à devenir enclume.

Si mes Chroniques amusent, je me propose de continuer mon travail et de donner celles des autres spectacles de Paris, non, je le répète encore, dans l'intention d'offrir jamais une histoire complète du théâtre, mais dans l'espérance de laisser à des talents au dessus du mien des jalons pour les aider plus tard à défricher nos landes dramatiques.

FIN DU TOME SECOND ET DERNIER.

TABLE.

Théâtre du Marais.............page	1
— des Variétés, au Palais-Royal et au boulevart Montmartre............	15
— des Troubadours.............	54
— du Gymnase..............	77
— du Palais-Royal.............	92
— des Nouveautés.............	102
Conclusion des théâtres du vaudeville......	116
Théâtre Molière..............	118
Théâtres bourgeois..............	133
— de Paris à différentes époques......	179
Les sociétés chantantes...........	189
Post-face................	

FIN DE LA TABLE DU TOME SECOND.

CATALOGUE

DES PIÈCES DE THÉATRE QUE BRAZIER A FAIT REPRÉSENTER A PARIS, DEPUIS L'ANNÉE 1803 JUSQU'EN 1838, AVEC LES NOMS DE SES COLLABORATEURS.

VARIÉTÉS,

AU PALAIS-ROYAL.

Maître André et Poinsinet. 1 act., vaud. 5 fév. 1805. — Dumersan.
Sauvageon. 1 act., vaud. 26 mai 1806. Non impr.

AU BOULEVART MONTMARTRE.

Les Bons Gobets. 1 act., vaud. 12 déc. 1808. — Francis.
Le Mariage de Collé. 1 act., vaud. 18 oct. 1809. — Gouffé, Simonnin.
Quinze Ans d'Absence. 1 act., vaud. 13 avril 1811. — Merle.
Le Petit Fifre. 1 act., vaud. 13 nov. 1811. — Merle.
La Rosière de Verneuil. 1 act., vaud. 26 déc. 1811. — Rougemont.
Ils Sont Sauvés. 2 act., vaud. 4 avril 1812. — Merle et Rougemont.
Berghen et Vanostade. 1 act., vaud. 25 avril 1812. — Jules et Dolivet.
Le Ci-devant Jeune Homme. 1 act., coméd. 28 mai 1812. — Merle.
Vole-au-Vent. 1 act., vaud. 23 juin 1812. — Merle, Moreau, Lafortelle.

Le Petit Corsaire. 1 act., vaud. 9 sept. 1812. — Rougemont, Merle.

Corbeille d'Oranges. 1 act., vaud. 3 juin 1812. — Merle.

M. Croquemitaine. 1 act., vaud. 1 avril 1813. — Merle, Désaugiers.

Patron Jean. 1 act., vaud. 13 avril 1813. — Merle, Visentini.

Les Petits Braconniers. 1 act., vaud. 4 mai 1813. — Merle, Charles Deguerles.

Les Petites Pensionnaires. 1 act., vaud. 2 nov. 1813. Merle.

Les Pêcheurs. 1 act., vaud. 9 avril 1814. Non impr. — Rougemont.

L'Ile de l'Espérance. 1 act., vaud. 6 juin 1814. — Désaugiers, Gentil.

La Noce interrompue. 1 act., vaud. 2 juillet 1814. — Merle.

Sage et Coquette. 1 act., vaud. 12 juillet 1814. — Merle, Dumersan.

La Jeunesse de Henri IV. 1 act., vaud. 24 août 1814. — Merle, Ourry.

Je Fais mes Farces. 1 act., parad. 4 févr. 1815. — Désaugiers, Gentil.

Le Savetier et le Financier. 1 act., vaud. 4 mars 1815. Merle.

Tout pour l'Enseigne. 1 act., vaud. 18 avril 1815. — Merle, Moreau, Lafortelle.

Jean qui pleure et Jean qui rit. 1 act., vaud. 17 juill. 1815. — Sevrin.

M. Feuillemorte. 1 act., vaud. 5 oct. 1815. Non imp. Désaugiers.

Les Vendangeurs du Rhône. 1 act., vaud. 30 octob. 1815. Non imp. — Merle et ***.

Les Rencontres au Corps-de-garde. 1 act., vaud. 23 déc. 1815. Non imp. — Merle, Lafortelle.
Préville et Taconnet. 1 act., vaud. 13 janv. 1816. — Merle.
Les Deux Vaudevilles. 1 act., vaud. 2 mars 1816. — Merle, Lafortelle.
Fortunatus. 2 act., vaud. 1 avril 1816. — Dumersan.
Les Deux Mariages. 1 act., vaud. 15 juin 1816. — Merle, Rougemont.
Dancourt, ou la Répétition. 1 act., vaud. 4 juillet 1816. — Carmouche.
Cadet Roussel intrigant. 2 act., coméd. 22 juill. 1816. Non imp. — Dumersan.
La Fin du Monde. 1 act., parad. 7 août 1816. — Merle, Lafortelle.
Les Héritiers, ou les Deux Testaments. 1 act., vaud. 12 août 1816. Non imp. — Francis et ***.
Les Montagnes russes. 1 act., vaud. 29 août 1816. Non imp. — Moreau, Merle, Lafortelle.
Jocrisse grand-père. 1 act., coméd. 12 mai 1816. — Dumersan.
La Saint-Louis Villageoise. 1 act., vaud. 24 août 1816. Merle, Rougemont.
Les Ci-devant Rosières. 1 act., vaud. 1 mars 1817. — Dumersan.
Figaro et Suzanne. 3 act., ball.-pantom. 5 mai 1817. — Dumersan.
Les Comédiens bourgeois. Prolog. vaud. 5 mai 1817. — Dumersan.
L'Etude sens dessus dessous. 1 act., vaud. 21 oct. 1817. Non imp. — Merle.
Le Petit Dragon. 2 act., vaud. 22 sept. 1817. Non imp. — Rougemont, Dubois.
L'An 1840. 1 act., vaud. 29 déc. 1817. — Mélesville, Delestre-Poirson.

Rose et Bleu. 1 act., vaud. mars 1817. — Merle, Rougemont.

La Carte à payer. 1 act., vaud. 2 fév. 1818. — Merle, Carmouche.

M. de Gaucheville. 1 act., vaud. 19 mai 1818. Non imp. — Dumersan.

La Cloche, le Tambour et le Tambourin. 1 act., vaud. 28 mai 1818. Non imp. — Sevrin.

L'École de Village. 1 act., vaud. 5 sept. 1818. — Dumersan, Delestre-Poirson.

Les Vendanges de Champagne. 1 act., vaud. 5 oct. 1818. — Dumersan, Delestre-Poirson.

Le Sergent Québrantador. 1 act., vaud. 1818. Non imp. — Lafortelle, Merle.

L'Hôtel des Quatre-Nations. 1 act., vaud. 7 nov 1818. — Scribe, Dupin.

Les Plaideurs de Racine. 1 act., vaud. 13 mars 1819. — Lafontaine, James Rousseau.

Le Vieux Berger. 1 act., vaud. 22 juin 1819. — Dumersan.

La Petite Fille de Clichy. 2 act., vaud. 13 juillet 1819. Non imp. — Dumersan.

La Vierge du Soleil. 1 act., vaud. 25 oct. 1819. — Théaulon, Armand Dartois.

M. Furet. 1 act., vaud. 15 nov. 1819. — Jouslin de la Salle, Lafontaine.

Les Trois Vampires. 1 act., vaud. 1820. — Gabriel, Carmouche, Armand Dartois.

Clary à Meaux en Brie. 1 act., vaud. 8 août 1820. — Dumersan.

Les Dames de la Halle. 1 act., vaud. 7 oct. 1820. — Rougemont, Merle.

Le Coin de Rue. 1 act., vaud. 24 oct. 1820. — Dumersan.

Les Bonnes d'Enfants. 1 act., vaud. 7 nov. 1820. — Dumersan.
Les Horreurs à la Mode. 1 act., vaud. 25 janvier 1821. Non imp.— Dumersan.
Le Garde-chasse de Chambord. 1 act , vaud. 30 avril 1821.— Rougemont, Merle.
Le Valet de Ferme. 1 act., vaud. 18 juillet 1821. — Dumersan.
Le Nouveau Cassandre. 1 act., vaud. 8 août 1821. Non imp.— Lafontaine.
Le Soldat Laboureur. 1 act., vaud. 1 sept. 1821.— Francis, Dumersan.
Le Coq de Village. 1 act., vaud. 6 nov. 1822. Non imp.— Ourry, Ch.
Les Petits Acteurs. 1 act., vaud. 28 mai 1822. — Francis, Dumersan.
La Fille mal gardée. 1 act., vaud. 19 juin 1822.— Dumersan, Francis.
Sans Tambour ni Trompette. 1 act., vaud. 23 janv. 1822. Merle, Carmouche.
Barbe Bleue. 1 act., vaud. 26 nov. 1822. Non imp.— Dumersan, Francis.
Ninette à la Cour. 2 act., vaud. 19 déc. 1822. — Carmouche, Jouslin de la Sa le.
Le Fermier d'Arcueil. 1 act., vaud. 18 fév. 1823. — Ferdinand Laloue, Carmouche.
L'Aveugle de Montmorency. 1 act., vaud. 6 mars 1823.— Gersin, Gabriel.
Les Cuisinières. 1 act., vaud. 14 avril 1823. — Dumersan.
L'Aubergiste malgré lui. 1 act., 8 juillet 1823. — Théodore Nezel, Coupart.
Le Fabricant. 1 act., vaud. 29 oct. 1823.— Francis.
Les Adieux sur la Frontière. 1 act., vaud. 16 déc. 1823.— F. de Courcy, Carmouche.

L'Accordée de Village. 1 act., vaud. 10 fév. 1824.— Carmouche, Jouslin de la Salle.

Le Magasin de Masques. 1 act., vaud. 25 fév. 1824. — Jouslin de la Salle, Gabriel, Francis.

Le Oui des jeunes Filles. 1 act., vaud. 8 mars 1824. — Mélesville, Carmouche.

Les Ouvriers. 1 act., vaud. 27 janv. 1824.— Francis, Dumersan.

La Femme de Ménage. 1 act., vaud. 8 juin 1824.— Dumersan.

La Poule, ou l'Estaminet. 1 act., vaud. 9 juill. 1824. Non imp.— Francis, Carmouche.

Les Trois Aveugles. 1 act., vaud. 22 juillet 1824.— Mélesville, Carmouche.

La Croix d'Honneur. 1 act., vaud. 13 nov. 1824.— F. de Courcy, Carmouche.

Le Grenadier de Fanchon. 1 act., vaud. 13 déc. 1824. — Théaulon, Carmouche.

Le Baril d'Olives. 1 act., vaud. 1 fév. 1825.— Guilbert-Pixérécourt, Mélesville.

Le Petit Bossu du Gros-Caillou. 1 act., vaud. 17 juillet 1825.— Dumersan.

Les Entrepreneurs. 1 act., vaud. 16 août 1825. — Dumersan, Gabriel.

Les Cochers. 1 act., vaud. 10 oct. 1825. — Dumersan, Gabriel.

Les Paysans. 1 act., vaud. 28 fév. 1826.—Mélesville, Dumersan.

La Biche au Bois. 1 act., vaud. 27 avril 1826. — Carmouche, Dubois.

Les Filets de Vulcain. 1 act., vaud. 5 juillet 1826. — Dumersan, Gabriel.

Les Alsaciennes. 1 act., vaud. 19 juillet 1826. — Gabriel.

Les Petites Biographies. 1 act., vaud. 29 août 1826.
— Dumersan, Gabriel.
Les Écoliers en Promenade. 1 act., vaud. 28 sept. 1826.
Dumersan, Gabriel.
Tony. 2 act., vaud. 10 fév. 1827. — Mélesville, Carmouche.
Les Passages et les Rues. 1 act., vaud. 7 mars 1827.
— Dumersan, Gabriel.
L'Étameur. 1 act., vaud. 5 juin 1827. — Dumersan, Gabriel.
Une Soirée chez M. Jocrisse. 1 act., vaud. 12 juin 1827. Non imp. — Dumersan.
Elise, ou la Fille de l'Artiste. 1 act., vaud. 23 août 1827. — Dumersan.
La Journée d'un Flâneur. 1 act., vaud. 3 nov. 1827.
— Dumersan, Gabriel.
La Table d'Hôte. 1 act., vaud. 12 janv. 1828. — Dumersan.
Aurélien, parod. d'*Aurélie.* 1 act., vaud. 24 mars 1828. — Guillaume et Lassagne.
Le Châlet. 1 act., vaud. 25 juin 1828. — Dumersan, Gabriel.
L'Homme incombustible. 1 act., vaud. 20 août 1818.
— F. de Courcy, Carmouche.
Les Deux Tableaux de Paris. 2 act., vaud. 29 nov. 1828. — Carmouche, Dumersan.
Les Enragés. 1 act., vaud. 20 août 1829. — Armand Dartois.
Les Brioches à la Mode. 1 act., vaud. 8 juin 1830. — Dumersan.
Les Variétés de 1830, revue. 1 act., vaud. 31 déc. 1830. — Rougemont, F. de Courcy.
M. Cagnard. 1 act., vaud. 5 fév. 1831. — Dumersan.
Jacqueline. 1 act., vaud. 27 avril 1831. — Mélesville.

L'Amphigouri. 1 act., vaud. 10 mai 1831. — Dumersan.

L'Idiot du Village. 1 act., vaud. 18 août 1831. — Dumersan.

Lantara et Dorvigny. 1 act., vaud. 24 oct. 1831. — F. de Courcy, Merle.

Le Pygmalion du faubourg Saint-Antoine. 1 act., vaud. 19 janv. 1832. — Dumersan et ***.

La Famille Jabutot. 1 act., vaud. 9 juillet 1832. — Ledivry et Leuven.

Coquille, ou les Cinq Cadavres, parod. 1 act., vaud. 9 nov. 1832. — Dumersan et ***.

Les Actualités. 1 act., vaud. — Dumersan.

M. Potard. 1 act., vaud. 26 sept. 1835. Non imp. — Rougemont.

La Femme à François. 1 act., vaud. 18 juin 1837. — Varner.

VAUDEVILLE.

Lanjon de retour au Caveau. 1 act., vaud. 2 déc. 1811. — Les Membres du Caveau moderne.

Six heures moins un quart, parod., 1 act., vaud. 18 déc. 1813. Non imp. — Rougemont et Moreau.

Misanthrope en prose. 1 act., vaud. 24 mars 1814. Non imp. — Rougemont.

La Vénus Hottentote. 1 act., vaud. 19 nov. 1814. — Armand Dartois, Théaulon.

La Bouquetière anglaise. 1 act., vaud. 11 mai 1815. — Moreau, Dubois.

Les Paniers à ma Tante. 1 act., vaud. 1816. Non imp. — Gersin.

Le Certificat d'Innocence, 1 act., vaud. 19 avril 1816. Non imp. — Armand et Achille Dartois.

M. Toussaint, ou les Couplets de Fête. 1 act., vaud. 21 avril 1819. — Dubois et Ch...

Madame Frontin. 1 act., vaud. 30 sept. 1819.— Dubois et Ch...
Le Bureau du Prince. 1 act., vaud. 13 oct. 1820. — Gersin, Gentil, Ch...
Le Concert d'Amateurs. 1 act., vaud. 22 août 1821. —Dubois, Ch...
La Sortie de Pension. 1 act., vaud. Non imp. — Edouard, Ba...z.
Les Treize Infortunes d'Arlequin. 3 act., 6 tabl., vaud. 3 oct. 1824. Non imp. — Dumersan, Dupuis.
Les Dames à la Mode. 1 act., vaud. 5 janv. 1826.— Gabriel, Gersin, Vulpian.
Le Cadran Bleu. 2 act., vaud. 5 avril 1826. — Gabriel.
L'Auvergnate. 1 act., vaud. 26 avril 1826. — Dumersan, Gabriel.
Le Maître de Forges, 2 act., vaud. 25 avril 1827. — Dumersan, Gabriel.
La Laitière de Montfermeil. 5 act., vaud. 27 août 1827. — R. Perrin, Rougemont.
Jérôme, ou les Deux Epoques. 3 act., vaud. 27 déc. 1827. — Mélesville.
Le Ci-devant Jeune Homme. Mis en vaud. 11 mars 1828. Non imp. — Merle.
Une Noce au mont Saint-Bernard. 2 act., vaud. 20 oct. 1828. — Dumersan.
Les Bêtises de l'Année, revue. 1 act., vaud. 29 déc. 1828. — F de Courcy, Carmouche.
Une Nuit de Paris. 5 act., vaud. 28 mars 1829.— F. de Courcy, Carmouche.
Les Rouliers. 1 act., vaud. 21 mai 1829. — Gabriel, Dumersan.
La Famille improvisée. 1 act., vaud. 5 juillet 1831. — Dupeuty, Duvert.

Le Baron d'Hilburgaushen. 2 act., vaud. 8 nov. 1831. — Mélesville, Vanderburch.
Les Femmes d'Employés. 1 act., vaud. 15 mars 1832. Carmouche, Dumersan.
Le Contrebandier. 1 act., vaud. 25 mai 1832.— F. de Courcy, Carmouche.
Anacharsis. 1 act., vaud. 18 avril 1835. — F. de Courcy, Théaulon.
Catherine, ou la Croix d'Or. 2 act., vaud. 2 mai 1835. — Mélesville.

THÉATRE DU GYMNASE.

La Famille normande. 1 act., vaud. 3 avril 1822. — Mélesville.
La Mouche du Coche. 1 act., vaud. 1 mai 1832. Non imp. — Delestre-Poirson, Alphonse Cefberr.
Partie et Revanche. 1 act., vaud. 16 juin 1823. — Scribe, Francis.
Les Petites Saturnales. 1 act., vaud. 26 fév. 1824. — Mazères, Carmouche.
Le Combat de Coqs. 1 act., vaud. 30 sept. 1824. Non imp. — Carmouche, Théaulon.
Les Rosières de Paris. 1 act., vaud. 22 avril 1825. — Carmouche, Simonnin.
Clara Wendel. 2 act., vaud. 13 mai 1826. Non imp. —Dumersan.
Perkins Warbec. 2 act., vaud. 15 mai 1827. — Carmouche, Théaulon.

PORTE SAINT-MARTIN.

Prologue de l'Union de Mars et de Flore. 1 act., vaud. Mars 1810. — Théodore.
La Chaumière au pied des Alpes. 1 act., vaud. 24 mai 1810. Seul.

L'Auberge allemande. 1 act., vaud. 20 oct. 1810. Seul.
L'Adroit Valet. 1 act., vaud. 14 mars 1811. Seul.
La Famille de don Quichotte. 1 act., vaud. 1811. Seul.
Le Vaudeville aux Jeux gymniques. 1811. Seul.
Le boulevart Saint-Martin. 1 act., vaud. 26 déc. 1815. — Désaugiers.
Les Deux Philibertes. 2 act., vaud. 18 oct. 1816.— Merle, Dumersan.
Le Monstre de la rue Plumet. 1 act., vaud. 20 fév. 1817. — Merle, H. Simon.
Robinson dans son île. 1 act., vaud. 24 janv. 1817. Rougemont, Armand Dartois.
Etrennes à contre-sens. 1 act., vaud. 1 janv. 1817.— Merle, Lafortelle.
Le Petit Jehan de Saintré. 3 act., vaud. 31 mars 1817. — Dumersan.
Le Petit Chaperon rouge. 3 act., mélod. 28 fév. 1818. — Fréd. Dupetit-Méré.
La Leçon d'Amour. 1 act., vaud. 31 mars 1818. — Merle, Ourry.
Les Originaux au Café. 1 act., vaud. 7 mai 1818. — Merle.
M. Tranquille. 1 act., vaud. 25 avril 1820. — Rougemont, Merle.
Riquet à la Houppe. 1 act., vaud. 27 fév. 1821. — Sevrin.
Caroline de Lichtfield. 2 act., vaud. 10 fév. 1827. — Simonnin, Carmouche.
Fifre et Tambour. 2 act., vaud. 25 mai 1827.— Villiers, B. Antier.
Le Perruquier de Smyrne. 1 act., vaud. 1827. Non imp. — Carmouche, Saintine.

PALAIS-ROYAL.

Ils n'ouvriront pas. 1 act., prol. vaud. 6 juin 1831. — Mélesville.
Voltaire à Francfort. 1 act., vaud. 8 juin 1831. — Ourry, Ch...
Le Salon de 1831. 1 act., vaud. 30 juin 1831. — Bayard, Varner.
Le Philtre champenois. 1 act., vaud. 19 juillet 1831. Mélesville.
M. Mathieu. 1 act., vaud. 6 déc. 1831. — Ourry.
Le Soufflet et le Baiser. 1 act., vaud. 23 fév. 1832.— Saintine, Carmouche.
La Cheminée de 1748. 1 act., vaud. 10 juin 1832.— Mélesville.
Les Garçons et les Gens Mariés. 2 act., vaud. 3 nov. 1832. — Dumersan.
Un Antoine de plus. 1 act., vaud. 9 nov. 1832. Non imp. — Ourry.
Duroseau. 1 act., vaud. 26 déc. 1832.— Carmouche.
Santeuil, ou le Chanoine au Cabaret. 1 act., vaud. 6 avril 1833. — Villeneuve, de Livry.
Les Locataires et les Portiers. 1 act., 6 avril 1834. — Villeneuve et Livry.
Forêt à vendre, 1 act., vaud. 6 nov. 1833. Non imp. — Fulgence, Alex. Combrousse.
Le Fils adoptif. 1 act., vaud. 10 mai 1834. — Rougemont, Vanderburch.
Le Portrait du Diable. 1 act., vaud. 3 mai 1836. — Rougemont.
Le Mémoire de la Blanchisseuse. 1 act., vaud. 19 août 1837. — Villeneuve et Livry.

THÉATRE DES NOUVEAUTÉS.

Le Farceur du Régiment. 1 act., vaud. 1827. — Ourry.
L'Enchanteur maladroit. 1 act., mélod. 13 mars 1828. — Mélesville, Carmouche.
Le Canon d'alarme. 1 act., vaud. 20 mai 1829. — Vanderburch, Simonnin.
Antoine, ou les Trois générations. 3 act., vaud. 9 avril 1829. — Mélesville.
Pierre le Couvreur. 1 act., vaud. 31 juillet 1829. — Théaulon, Carmouche.
Les Manuels à la mode. 1 act., vaud. 4 août 1829. — Carmouche, F. de Courcy.
Le Marchand de la rue Saint-Denis. 3 act., vaud. 17 sept. 1830. — Vanderburch, Villeneuve.
Une Nuit de Marion Delorme. 1 act., vaud. 17 août 1831. — Alboise et ***.

LES DÉLASSEMENTS.

Lisette toute seule. 1 act., vaud. 1803. — Simonnin.
L'Ivrogne tout seul. 2 act., vaud. 1803. Seul.
La Projectomanie. 2 act., vaud. 1804. Non imp. — Bénard.
Que de bruit pour un âne. 1 act., vaud. 1804. Non imp. — Bénard.
Lise bonne, parod. 1 act., vaud. 21 déc. 1804. Non imp. — Coupart.
Ki, Ki, Ki, parod. de *Tékéli.* 3 act., vaud. 1 janv. 1805. Non imp. — Varez, Desprez, St-Clair.
M. et Madame Godiche. 1 act., vaud. 5 mars 1805. Non imp. Seul.
La Belle aux Cheveux d'Or. 3 act., mélod. vaud. 5 mars 1806. — Simonnin.

Gracieuse et Percinet. 3 act., mélod. vaud. 28 avril 1806.— Simonnin.

Magot, parod. de *Dagot.* 1 act., vaud. 29 juin 1806. — Simonnin.

La Paix. 1 act., vaud. 28 juillet 1807. Non imp. — Simonnin.

La Princesse Belle Etoile. 3 act., mélod. vaud. 1807. Non imp.— Simonnin.

Louise, ou la Chaumière. 3 act., mélod. vaud. 23 mai 1807. — Simonnin.

Prologue. 1 act. vaud. — Cuvelier.

CIRQUE-OLYMPIQUE.

Le boulevart du Temple. Prol. vaud. — Cuvelier.

Le Palais, la Guinguette et le Champ de bataille. 3 act., vaud. 31 mars 1827. — Carmouche, Dupeuty.

Bijou. 4 act., féerie-vaud. 29 janv. 1838.— Guilbert-Pixérécourt et Duvert.

GAITÉ.

Rodomont. 3 act., vaud. mél. 7 mars 1807.—Armand Gouffé, Villiers.

Arlequin au café du Bosquet. 1 act., vaud. 23 avril 1808. — Simonnin.

Le Mariage dans une rose. 1 act., vaud. 25 mai 1808.— Simonnin.

M. et Madame Denis. 1 act., vaud. 18 juin 1808. — Simonnin.

Haine aux Petits enfants. 1 act., vaud. 28 juin 1808. — Simonnin.

La Famille des Malins. 1 act., vaud. 15 déc. 1808. F. Dupetit-Méré.

M. Pique. 1 act., vaud. 10 fév. 1810. Non imp. — Simonnin.

Les Albinos vivants. 1 act., vaud. 9 mai 1809. Non imp. — F. Dupetit-Méré.

Le Marquis de Carabas. 2 act., vaud. 9 mai 1811. — Dubois, Simonnin.

M. Courtevue. 1 act., vaud. 12 fév. 1811. Non imp. — Simonnin.

A la Papa. 1 act., vaud. 30 oct. 1808. — Simonnin.

Les compliments. 1 act., vaud. 1813. — Dubois.

La Bonne Femme. 1 act. vaud. 2 déc. 1815. — Dubois.

Le Bouquet des Poissardes. 1 act., vaud. 24 août 1815. — Dubois.

La Noce de Village. 1 act., vaud. 15 juin 1816. — Dubois.

Le Bureau de location. 1 act., vaud. 26 juillet 1817. — Dubois.

L'Enfant du Régiment. 1 act., vaud. 17 janv. 1818. — Dubois.

Le Petit Mendiant. 1 act., vaud. 23 juin 1818. — Dubois.

Les Chaperons et les Loups. 1 act., vaud. 27 avril 1818. — Dubois.

Une Heure sur la Frontière. 1 act., vaud. 24 nov. 1818. — Dubois.

Héritage de Jeannette. 1 act., vaud. 7 août 1819. — Dubois.

Les Valets en Goguette. 1 act., vaud. 6 avril 1820. — Dubois, Dumersan.

La Fête de Jean-Bart. 1 act., vaud. 21 juin 1821. — Dubois.

La Fête du Fermier. 1 act., vaud. 24 août 1821. Non imp. — Dubois.

La Fermière. 1 act., vaud. 18 mai 1822. — Vanderburch.

Le Paysan Picard. 1 act., vaud. 17 août 1822. — Rabbe.

Barbe-Bleue. 3 act., mélod. vaud. 24 mai 1823. — F. Dupetit-Méré.

La Pie de Palaiseau. 1 act., vaud. 20 juin 1823. — Dubois.

Le Foyer de la Gaîté. 1 act., vaud. 29 déc. 1823. — Carmouche.

Le Cousin de Faust. 3 act., féerie-vaud. 13 mars 1829. — Mélesville, Carmouche.

Oh! que nenni!... parod. d'*Hernani*. 1 act., vaud. 16 mars 1830. — Carmouche.

Les Brigands Demoiselles. 2 act., coméd. 14 avril 1830. — Carmouche.

Le Marchand de Bœufs. 1 act., vaud. 19 sept. 1830. Non imp. — Carmouche.

Dominique. 1 act., vaud. 6 fév. 1831. Seul.

Le Petit Homme rouge. 4 act., féerie-vaud. 19 mars 1831. — Guilbert-Pixérécourt, Carmouche.

L'Organiste de Saint-Médard. 1 act., vaud. 4 fév. 1823. Non imp. — Sevrin.

Les Quatre Éléments. 4 act., féerie-vaud. 10 juillet. 1833. — Guilbert-Pixérécourt, Dumersan.

Vive la Gaîté. 1 act., vaud. 9 nov. 1835. — Rochefort, Brunswick, Lhérie.

Le Porteur des Halles. 1 act., vaud. 8 déc. 1835. — F. de Coucy, Dumersan.

Les Infidélités de Lisette. 5 act., vaud. 29 déc. 1835.. — Villeneuve, Livry.

Le Diable à Paris. 1 act., vaud. 29 déc. 1836. — Gabriel.

AMBIGU.

Les Fiancés tyroliens. 1 act., vaud. 4 juillet 1821.
— Dubois.
Isoline, ou le Page ensorcelé. 1 act., vaud. 29 déc. 1826. — Carmouche.

JEUNES ARTISTES.

Le Tour de France. 1 act., vaud. 1805. — Henrion.
L'Ile de l'Inconstance. 1 act., vaud. 29 janv. 1807. Non imp. — Coupart.
Caroline de Lichtfield. 3 act., vaud. 29 nov. 1807. — Simonnin.
La Jardinière de Vincennes. 3 act., vaud. 14 mars 1807. — Simonnin.

THÉATRE MOLIÈRE.

Il faut un Mariage. 1 act., vaud. 24 déc. 1804. — Henrion.

THÉATRE DE LA CITÉ.

Aurons-nous un Prologue. 1 act., vaud. 1085. Non imp. Seul.
La Salle à Vendre. 1 act., vaud. 1805. Seul.

JEUNES COMÉDIENS.

Les Pieds-de-Mouche, parod. 1 act., vaud. fév. 1807. Non imp. — Simonnin.

THÉATRE OLYMPIQUE.

Le Malade par Amour. 1 act., vaud. 1804. — Henrion.

THÉATRE SAINT-ANTOINE.

La Résurrection de Saint-Antoine. 1 act., vaud. 3 déc. 1835. — Villeneuve, Théaulon.
Favart à Belleville. 1 act., vaud. 14 mai 1836. Non imp. — Armand Gouffé.

MENUS-PLAISIRS.

La Fête de la Reconnaissance. Jouée devant la Famille royale, 15 fév. 1817. — Capelle.

PANTHÉON.

Le Pauvre de Saint-Roch. 3 act., drame-vaud. 19 mai 1838. — F. de Courcy.

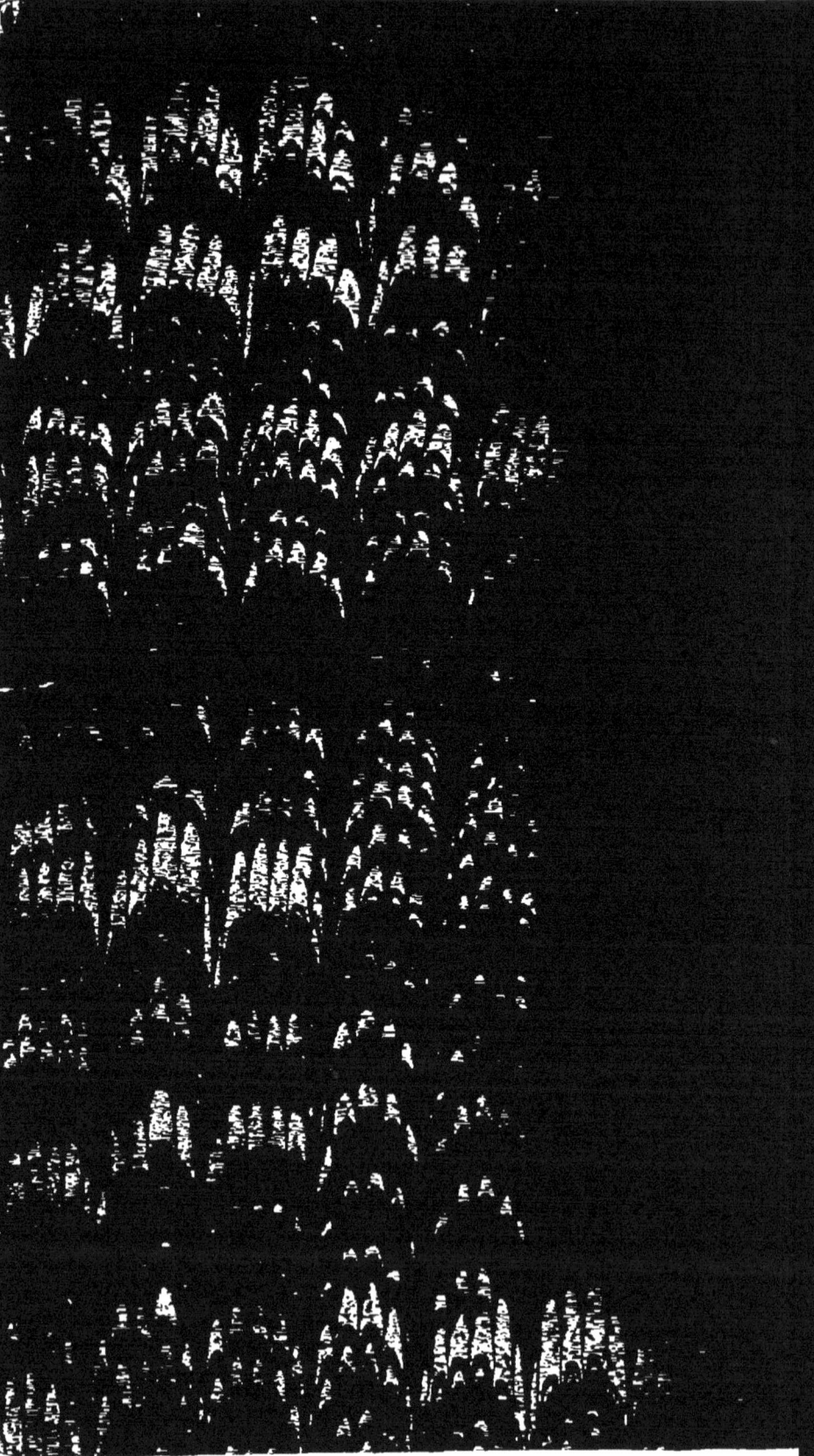

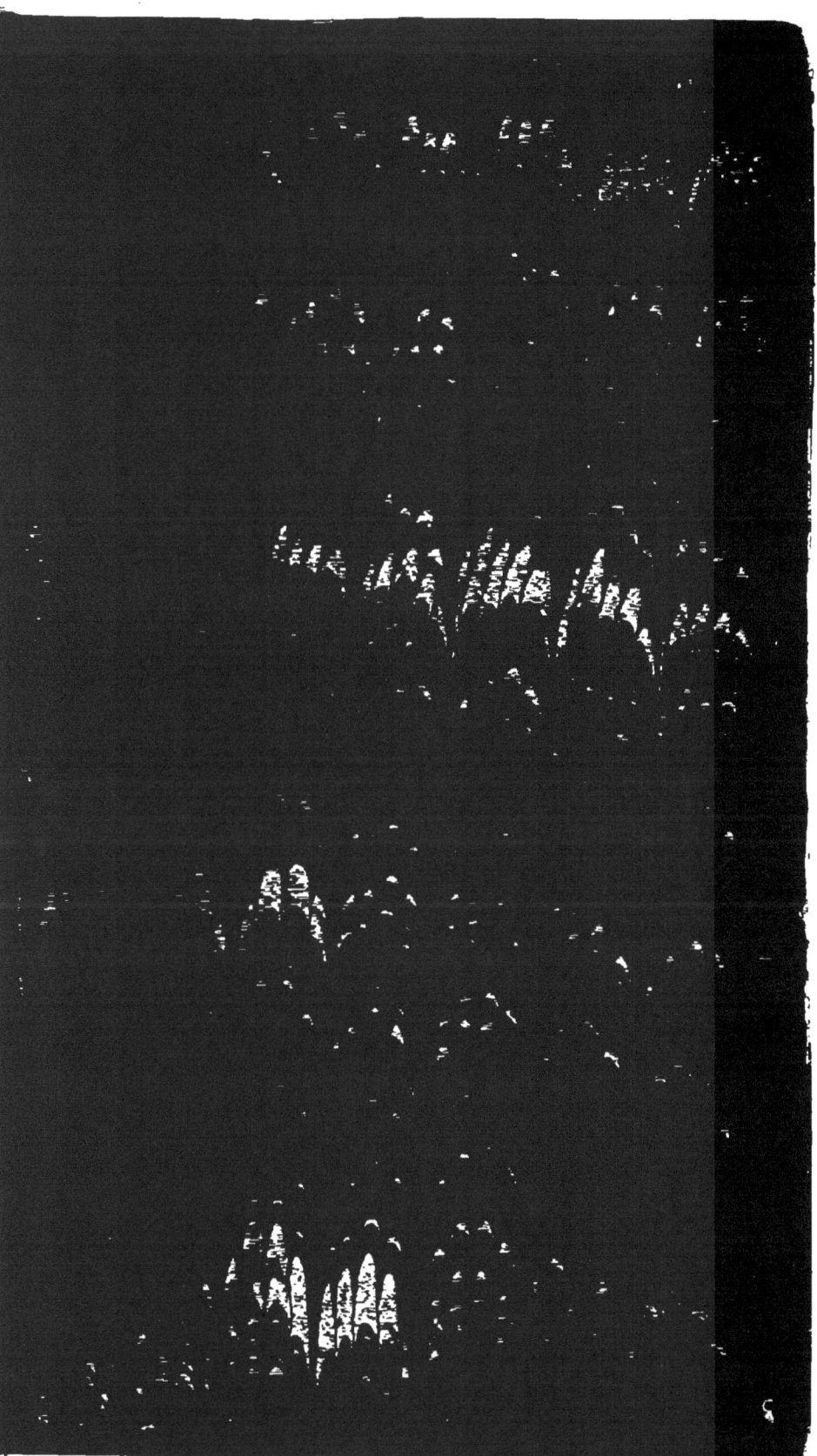

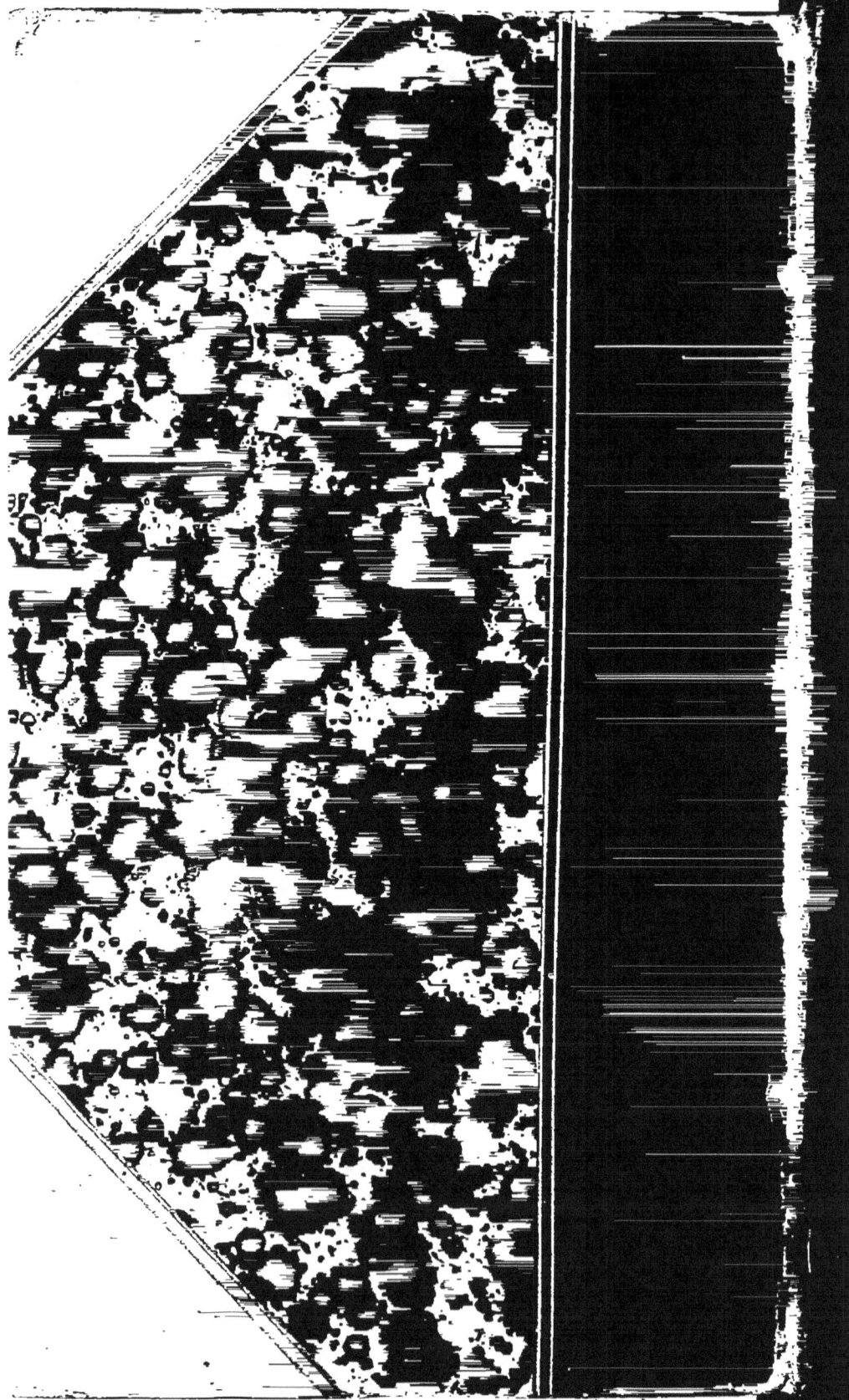

www.ingramcontent.com/pod-product-compliance
Lightning Source LLC
Chambersburg PA
CBHW050321170426
43200CB00009BA/1414